공급망 관리

HARVARD BUSINESS REVIEW ON SUPPLY CHAIN MANAGEMENT

Original work copyright ⓒ 2006
Harvard Business School Publishing Corporation
All rights reserved.

This Korean edition was published by Book21 Publishing Group in 2010
by arrangement with Harvard Business Press, Boston, MA
through KCC(Korea Copyright Center Inc.), Seoul.

이 책은 한국저작권센터(KCC)를 통한 저작권자와의 독점 계약으로 (주)북이십일에서 출간되었습니다.
저작권법에 의해 한국 내에서 보호를 받는 저작물이므로 무단전재와 무단복제를 금합니다.

공급망 관리

글로벌 경제에서 경쟁우위를 가져오는 SCM 전략

더글러스 램버트 외 지음
박길부 옮김

21세기북스
www.book21.com

| 발간사 |

시대를 뛰어넘는 현대경영학의 진수

지금으로부터 100여 년 전인 1908년은 경영의 역사에서 상당히 의미 있는 해라고 볼 수 있다. 한때 세계 최고의 기업이었지만 지금은 파산 신청 이후 새로운 회사로 거듭나려고 하는 미국 자동차 회사 GM이 설립된 해가 1908년이다. 또한 그보다 5년 앞서 설립된 포드가 본격적으로 조립식 생산방식을 도입해 '모델 T'라고 불리는 자동차를 생산하기 시작한 해도 1908년이다. 그러나 무엇보다 주목해야 할 것은 전 세계 경영학 교육의 메카라 불리는 '하버드 비즈니스 스쿨'이 1908년에 설립되었다는 점이다. 물론 최초의 경영학 교육기관은 1881년 설립된 펜실베이니아 대학의 와튼 스쿨이다. 그럼에도 불구하고 우리가 하버드 비즈니스 스쿨에 주목하는 것은 이 대학이 경영학 교육은 물론 실제 기업 경영에 미친 지대한 공헌 때문일 것이다.

실사구시의 전통

공교롭게도 하버드 비즈니스 스쿨의 시작은 경영학의 출발을 알리는 신호탄이었다. 1636년 설립된, 미국에서 가장 오래된 대학 중 하나였던 하버드가 본격적으로 경영학 교육에 뛰어들었다는 상징성 외에도, 하버드 비즈니스 스쿨은 경영학 교육의 정체성을 확립하는 데 결정적인 역할을 했기 때문이다. 경영학의 역사에서 해묵은 논쟁 중의 하나는 학문의 정체성을 둘러싼 논란이다. '경영학은 과연 과학인가 아니면 기술인가?'

사실 기업의 역사는 경영학의 역사보다 훨씬 길다. 군이 기업의 역사를 들먹이지 않더라도 화학 산업의 선두주자인 듀폰이 1802년에 설립되었으며, 석유 산업의 원조인 '스탠다드 오일'과 유통 산업의 개척자인 '시어스'는 1870년과 1886년에 이미 설립되었다. 따라서 경영학이 존재하지 않던 시절에도 기업은 경영자에 의해 운영되고 있었다. 그러나 듀폰의 설립으로부터 100년이 훨씬 지난 1911년 프레데릭 테일러라는 한 경영자에 의해 경영학은 과학이라고 하는 역사적인 출발을 알리게 되었다.

미드베일과 베들레헴 철강회사의 엔지니어였던 테일러는 생산 현장에서 쌓았던 자신의 경험과 연구 성과들을 정리해서 1911년에 『과학적 관리법의 원리(The principles of scientific management)』라는 책을 출간하였다. 이 책이 바로 후대 경영학자들에 의해 테일러가 경영학의 아버지로 칭송되는 결정적인 근거가 되었다. 한 가지 재미있는 사실은 그가 하버드 대학에 합격하고도 시력 악화로 진학을 포기하고 경영자의 길을 걸었다는 점이다. 아무튼 이 책에서 그는 작업에 소요되는 시간과 작업자의 동작에 대한 연구를 통해 하루의 공정한 작업량을 측정하고 이에 근거해서 근로자들을 관리하였다. 즉 단순한 감이나 오랜 경험과 같은 주먹구구식 방법이 아니라, 과학적 지식을 이용해서 기업 현장의 생산성을 향상시킬 수 있다는 점을 최초로 실증하였던 셈이다.

이로부터 개발된 경영학적 지식들이야말로 바로 이러한 테일러의 사상에 기반을 두고, 과학적인 연구 결과와 방법론들을 통해 기업 경영의 효율성을 제고

시키는 역할을 해왔다. 이처럼 경영학은 과학적인 지식을 활용해서 기업 현실의 문제를 풀어간다는 의미에서 과학이면서 동시에 기술이라는 양면성을 갖고 있다고 봐야 한다. 하지만 하버드 비즈니스 스쿨이야말로 경영자들이 당면한 기업 현실의 문제를 해결하기 위한 과학적 지식과 방법을 연구하고 전파시키는 경영학 교육 본연의 모습, 즉 원형을 창조하고 발전시킨 기관이라고 할 수 있다. 하버드 비즈니스 스쿨이 경영학 교육에 끼친 지대한 영향은 크게 다음 세 가지로 요약할 수 있다. 기업 사례의 개발과 활용, MBA 교육의 시작, 『하버드 비즈니스 리뷰』의 발간 등이다.

기업 사례란 경영자들이 직면한 실제의 경영 상황을 설명해 주는 자료로, 학생들이 특정 기업이 처해 있는 실제적인 상황을 분석하고 토론하여 최종적인 의사결정을 해봄으로써 경영자들이 실제 경영에서 얻은 것과 유사한 경험을 갖게 하는 데 목적이 있다. 수업 시간에 주어진 사례를 분석하고 토론하는 과정에서 학생들은 단순한 강의로는 얻을 수 없는 경영의 지혜를 스스로 터득할 수 있다. 사실 사례는 오래전부터 의학이나 법학 분야에서 교육 목적으로 널리 활용되어 왔다. 병원에 있는 실제 환자의 사례 혹은 법정에서의 판례는 실제 의사나 판·검사, 변호사가 되기 이전에 학생들에게 충분한 교육과 연습으로서의 가치를 지닌 교육 자료이자 방법이었다.

하버드 비즈니스 스쿨은 경영학 최초로 1910년부터 강의 외에 학생들에게 토론의 기회를 주는 사례교육을 도입하였다. 뿐만 아니라 기업의 경영자들이 학교에 초빙되어 기업이 당면하고 있는 문제점을 제시하고, 이러한 문제점에 대해 학생들과 토론하는 수업이 진행되었다. 하버드 비즈니스 스쿨에 의해 시작된 사례교육 방법은 경영에 관한 일반적 지식을 다양한 현실에 적용시킬 수 있는 능력을 배양하는 효과적인 방법이었다. 강의식 교육이 교수의 주도적 역할에 의해 일반적인 지식을 학생에게 전수시키는 것이라면, 사례교육 방법은 학생의 적극적

참여에 의해 스스로 깨우치는 것에 초점을 두는 방법이라 할 것이다.

게다가 사례는 허구의 이야기가 아니라 생생한 기업 현장의 스토리였다. 강의실에서 가르치는 지식이 주로 보편적이고 일반적인 지식인 데 반해, 실제 경영 현상은 매우 다양하고 복잡했기 때문에 사례는 이러한 이론과 현실 간의 차이를 메워줄 수 있는 효과적인 수단이었던 셈이다. 지금도 하버드 비즈니스 스쿨은 경영학 모든 분야의 교육용 사례를 개발해서 배포하는 선두 기관으로 자리매김하고 있다. 과학적 지식뿐만 아니라 활발한 사례 개발과 교육을 통해 하버드 비즈니스 스쿨은 실사구시의 학풍을 확고히 정립할 수 있었다.

『하버드 비즈니스 리뷰』의 발간

1921년 하버드 비즈니스 스쿨이 최초로 경영자를 육성하는 MBA 교육을 시작할 무렵, 경영학계에는 두 가지 의미 있는 일이 시작되었다. 첫 번째로 당시 신임 돈햄(Donham) 학장의 전폭적인 후원하에, 앞서 설명한 사례교육이 경영학 교육과정에 확고히 자리 잡기 시작했다. 법학자였던 돈햄 학장은 이미 사례교육에 익숙했고, 경영학에서도 사례교육이 중요하다는 확신을 갖고 사례교육 방법을 전 교과과정에서 채택하도록 노력했다. 이후 사례교육은 미국의 각 대학으로 번져나갔다.

두 번째로 『하버드 비즈니스 리뷰』라는 경영 학술지가 1922년부터 발간되기 시작했다. 『하버드 비즈니스 리뷰』는 여타 학술지와 다른 독특한 특성을 갖고 있었는데, 이는 하버드 비즈니스 스쿨의 실사구시 학풍과도 밀접한 관계가 있었다. 우선 『하버드 비즈니스 리뷰』는 일반적인 학술지와는 달리 철저하게 경영자를 위한 학술지였다. 통상 학술지라고 하면 학자들이 까다로운 기준에 맞춰 연구한 내용을 발표하기 때문에 일반 경영자들보다는 학자나 박사과정 학생들이 즐겨보는 것이 현실이다. 물론 엄밀한 과학성을 추구하는 것은 학술지로서 갖추어야 할 중요한 요건이지만, 학술지들이 너무 지나친 자기검열 기준에 따라 경영학 지식을 다루다보니 경영자들이 쉽게 읽고 이해하는 것이 어렵게 되어버렸다.

하지만 『하버드 비즈니스 리뷰』는 거의 유일하게 창간 이후 지금까지 독창적이면서 혁신적인 경영 아이디어를 다루면서도 결코 경영자들을 실망시키지 않는 풍부한 시사점을 갖춘 경영의 주제들을 담고 있다. 엄격한 학문적인 기준에서는 『하버드 비즈니스 리뷰』는 학술지가 아니라 경영 잡지에 불과하다는 혹독한 비판도 있지만, 기업계는 물론 학계나 기타 컨설팅 업계에서도 『하버드 비즈니스 리뷰』를 인정하는 것은 시대를 관통하는 촌철살인의 문제의식과 독창적인 아이디어를 담고 있기 때문이다. 이제 막 100년을 넘긴 경영학의 역사에서 한 시대를 대표하는 핵심적인 이론과 개념들이 『하버드 비즈니스 리뷰』를 통해 발표되었다는 것은 주목할 만한 일이다.

예컨대 마이클 포터의 산업구조분석(5 forces model), 게리 하멜의 핵심역량(core competence), 마이클 해머의 리엔지니어링(reengineering), 로버트 캐플란의 균형성과표(balanced scorecard) 등 경영학의 역사에서 하나의 변곡점을 만들어낸 주요 개념과 이론들이 『하버드 비즈니스 리뷰』를 통해 소개되었다. 뿐만 아니라 20세기 초의 GM, 포드, 듀폰, 코닥, P&G는 물론 20세기 후반 GE, IBM, 인텔, 마이크로소프트, 애플, 구글 등 수많은 성공 기업의 사례도 이 학술지를 통해 전 세계적으로 널리 알려지게 되었다. 어디 그뿐인가? 우리는 『하버드 비즈니스 리뷰』를 통해 피터 드러커, 테오도르 레빗, 로자베스 모스 캔터, C. K. 프라할라드, 잭 웰치, 마이클 델 등 세계적인 석학이나 성공한 경영자의 사상과 경험들을 접할 수도 있다. 전 세계적으로 유명한 학자나 성공한 기업가, 똑똑한 컨설턴트들이 자신의 원고를 『하버드 비즈니스 리뷰』에 게재하고 싶어 안달인 것은 그만큼 이 학술지가 업계에 미치는 엄청난 영향력을 잘 알고 있기 때문이다.

그동안 『하버드 비즈니스 리뷰』는 시대를 앞선 트렌드와 시대를 넘어서는 고전이라는 두 마리 토끼를 동시에 잡아왔다. 이 학술지에 실린 글들 중 상당수는 당시의 트렌드를 잘 반영하고 있지만, 그렇다고 해서 이 글들은 일시적인 유행에만 머문 것이 아니라 시대를 관통하는 경영학의 고전들이 되었다. 마이클 포터의 산업구조분석에 대한 연구가 없었다면 경영자들은 아직도 산업 내에서 벌어지는 기업 간 경쟁에 대해서 체계적으로 대응할 수 없었을 것이다. 마이클 해머의 리엔지니어링 개념이 소개되지 않았다면, 아마도 많은 경영자들이 기업 내 다양한 프로세스의 중요성을 인식하지 못했을 것이고, 여전히 고객들은 다양한 부서들의 틈바구니에서 불편함을 겪었을 것이다. 또한 로버트 캐플란이 균형성과표를 소개하지 않았다면, 경영자들은 아직도 단기적인 재무 성과 지표들에만 집착한 나머지 장기적인 관점에서 기업의 성과에 영향을 미치는 고객이나 내부 프로세스, 종업원 등에 대한 성과 측정과 개선이 이루어지지 않았을 것이다.

현대 경영학의 결정판

이런 관점에서 이번에 21세기북스에서 발간되는 '하버드 비즈니스 클래식'은 지난 100년간 발전되어온 현대 경영학의 진수를 제대로 살펴볼 수 있는 좋은 기회라고 생각된다. 1990년대 말부터 『하버드 비즈니스 리뷰』에서는 학술지에 실렸던 우수한 논문이나 기고문 중에서 시대를 넘어서는 글들을 엄선해서 주제별 단행본을 출간하고 있다. 예컨대 변화관리, 리더십, 브랜드 관리, 윤리경영 등 다양한 주제별로 『하버드 비즈니스 리뷰』에 발표되었던 주옥 같은 글들을 묶어서 정리하는 방식이다. 즉 시대별로 발간되는 『하버드 비즈니스 리뷰』를 주제별로 묶어서 재발간하는 셈이다. 이 단행본들을 이번에 21세기북스에서 '하버드 비즈니스 클래식'이라는 제목으로 소개하게 된 것이다.

'하버드 비즈니스 클래식'은 다음과 같은 세 가지 측면에서 경영자들이나 학생들에게 큰 도움을 줄 수 있다고 생각한다. 첫째, 다양성이다. 각각의 단행본들이 다루고 있는 주제들에 대한 다양한 시각을 살펴볼 수 있다. 굉장히 복잡한 경영의 이슈들을 하나의 이론이나 주장으로 이해한다는 것은 애초부터 불가능한 일이었을 것이다. 예컨대 기업의 영원한 숙제인 '성장 전략'만 하더라도 한두 개의 이론이나 사례로 해결할 수 있는 이슈가 아니다. 기업이 성장하기 위해서는 기존 사업을 혁신시킬 수도 있고, 다른 기업을 인수합병할 수도 있다. 마찬가지로 신규 사업으로 다각화할 수도 있고 파트너들과의 전략적 제휴를 활용할 수도 있다. 하버드 비즈니스 클래식은 성장 전략에 대해 유일무이한 하나의 해답을 제공하려고 애쓰지 않고, 각기 다른 시각에서 연구되어 온 다양한 시각을 제공한다. 그리고 마치 토론을 통해 스스로 해답을 찾아가는 사례교육 방법처럼, 다양한 시각을 담은 글 속에서 독자들 스스로 깨달음을 얻도록 유도하고 있다.

둘째, 연계성이다. 각 단행본들이 담고 있는 글들은 다루는 주제에 대한 다양한 시각을 담고 있지만, 이 글들이 따로 노는 것이 아니라 하나의 주제에 맞게 서로 연결된다는 점이다. 예컨대 '변화관리'의 경우 총 8개의 논문으로 구성되어 있는데, 첫 번째 논문이 변화의 8단계를 설명했다면, 다른 논문은 경영자들이 8단계 모델에 따라 변화를 주도할 때 고려해야 하는 비전, 리더십, 저항, 프로그램 등의 주제를 각기 다루고 있다. 따라서 독자들은 성공적인 변화관리를 위한 다양한 주제들을 읽으면서도 이들 서로 다른 논문들을 통해 변화관리에 성공하기 위한 공통점이나 보완점들을 발견할 수 있다. 다양한 논문들은 각기 다른 시각을 제공하지만, 이들 관점들이 하나의 체계를 갖추고 있기 때문에 독자들이 일독을 끝냈을 무렵에는 머릿속에 주제와 관련된 큰 그림이 그려지는 셈이다.

셋째, 실용성이다. 책에 담긴 논문들은 연구를 위한 연구, 소수 학자들을 위한 현학적 수사를 배제한 철저하게 실무적인 이슈와 시사점들을 다루고 있다. 이미 언급한 것처럼 『하버드 비즈니스 리뷰』는 창간 때부터 경영자를 위한 학술지라는 독특한 위치를 고수했다. 아무리 이론이 훌륭하더라도 실제 기업 경영에 대한 시사점이 부족하고 경영자들이 이해하기 힘든 개념이나 숫자들로 채워져 있다면 결코 『하버드 비즈니스 리뷰』에 소개되기 어렵다. 따라서 『하버드 비즈니스 리뷰』에 실린 글들은 저마다 다양한 주제를 다루고 있지만, 실제 기업 경영에 미치는 영향력이라는 공통적인 잣대를 기준으로 평가되고 있다. 경영자들에게 큰 영향력을 미친 논문이 우수한 논문인 셈이다. 예컨대 마케팅에 관한 책을 보면 브랜드, 가격전쟁, 웹 마케팅, 마케팅 실험 등 철저하게 기업의 성과와 직결되는 실천적인 마케팅 주제들을 다루고 있다.

최근에도 기업을 둘러싼 환경은 끊임없이 변하고 있다. 따라서 기업 경영을 주제로 다루고 있는 경영학도 예외는 아닐 것이다. 20세기 기업 경영에 도움이 되었던 경영학의 제반 지식이 21세기에도 그대로 적용되리라는 보장은 없다. 그러나 온고이지신이라고 했던가? 전통적인 것이나 새로운 것 어느 한쪽에만 치우치지 않아야 한다는 논어의 가르침처럼, 21세기를 위한 새로운 경영을 만들어나감에 있어 20세기 경영학의 핵심이라고 할 수 있는 '하버드 비즈니스 클래식'에 담긴 주옥같은 글들은 분명 독자들에게 결정적인 도움이 될 것이다.

이동현
'하버드 비즈니스 클래식' 기획위원
가톨릭대학교 경영학부 교수

| 저자 소개 |

더글러스 램버트Douglas M. Lambert는 오하이오 주립대학 피셔 경영대학에서 운송 및 물류를 강의하는 석좌교수이며, 이 대학 글로벌공급망포럼을 이끌고 있다.

A. 마이클 크네메이어A. Michael Knemeyer는 오하이오 주립대학 피셔 경영대학에서 물류를 강의하는 교수이다.

제프리 라이커Jeffrey K. Liker는 미시건 대학에서 산업 및 운영 엔지니어링을 강의하는 교수이다.

토머스 최Thomas Y. Choi는 애리조나 주립대학에서 공급망 관리를 강의하는 교수이다.

카스라 퍼도우Kasra Ferdows는 조지타운 대학 맥도너 경영대학에서 글로벌 생산을 강의하는 석좌교수이다.

마이클 루이스Michael A. Lewis는 영국 바스 경영대학원에서 운영 및 공급관리를 강의하는 교수이다.

호세 마추카Jose A. D. Machuca는 스페인의 세비예 대학에서 운영 관리를 강의하는 교수이다.

스콧 베스Scott Beth는 인투잇의 조달 담당 부사장이다. 애질런트테크놀러지스의 전자제품 및 솔루션 그룹 글로벌소싱 담당 상무이사를 역임했다.

데이비드 버트David N. Burt는 샌디에이고 대학에서 공급망 관리를 강의하는 교수이며, 이 대학 부설 공급망관리연구소 소장을 겸하고 있다.

윌리엄 코파시노William Copacino는 액센츄어의 비즈니스컨설팅능력그룹을 맡고 있는 최고책임자이다. 공급망 관리에 관해 여러 권의 책을 쓴 저자이기도 하다.

크리스 고팔 Chris Gopal은 유니시스의 글로벌공급망 관리 담당 부사장이다. 언스트앤영의 글로벌공급망관리컨설팅 담당 이사와 델컴퓨터 부사장을 역임했다.

하우 리 Hau L. Lee는 스탠퍼드 대학에서 운영, 정보 및 테크놀로지를 강의하는 석좌교수이며, 공급망 관리 분야의 세계적인 석학이다. 또한 스탠퍼드 글로벌공급망관리포럼의 공동대표와 '글로벌 경쟁력을 제고시키기 위해 공급망 관리하기' 라는 경영자 프로그램의 대표를 맡고 있다.

로버트 포터 린치 Robert Porter Lynch는 워런의 CEO이다. 『Business Alliance Guide: The Hidden Competitive Weapon』의 저자이기도 하다.

샌드라 모리스 Sandra Morris는 1985년에 입사한 인텔의 부사장 겸 최고정보책임자이다. 이전에 RCA의 데이비드사르노프리서치센터에서 근무했다.

스티븐 스피어 Steven J. Spear는 하버드 경영대학원에서 경영학을 강의하는 교수이다.

H. 켄트 바우언H. Kent Bowen은 하버드 경영대학원에서 경영 관리를 강의하는 석좌교수이다.

V. G. 나라야난V. G. Narayanan은 하버드 경영대학원에서 경영학을 강의하는 교수이다.

아난스 라만 Ananth Raman은 하버드 경영대학원에서 비즈니스 물류를 강의하는 UPS재단 석좌교수이다.

차례 | 공급망 관리

발간사 ·· 4
저자 소개 ·· 12

1 CHAPTER 생산적인 협업 모델 만들기 ········ 17
더글러스 램버트, A. 마이클 크네메이어
협업 욕구 뒤에 숨은 동인을 찾아서 | 파트너십을 위한 파트너십은 없다 | 솔직한 토론을 위한 포럼 | 회의장 안에서의 목표 | 공존 가능성 추구 | 행동 항목과 시간 계획 | 다재다능한 도구

2 CHAPTER 긴밀한 공급자 관계 구축하기 ········ 41
제프리 라이커, 토머스 최
토요타와 혼다에게 배우는 지혜 | 엄한 사랑이 가져다준 성공 | 공급사의 작업 방식을 이해하라 | 공급사 경쟁을 기회로 전환하라 | 공급사들을 감독하라 | 공존 가능한 기술력을 개발하라 | 집중적이지만 선별적으로 정보를 공유하라 | 공동의 개선 활동을 진행하라

3 CHAPTER 공급망 통제를 통한 이윤 창출 ········ 71
카스라 퍼도우, 마이클 루이스, 호세 마추카
자라의 세 가지 원칙 | 커뮤니케이션 루프를 폐쇄하라 | 리듬을 엄수하라 | 자산을 수단으로 활용하라 | 원칙 보강하기

4 CHAPTER 공급망 관리의 도전 과제 ········ 91
스콧 베스, 데이비드 버트, 윌리엄 코파시노, 크리스 고팔, 하우 리, 로버트 포터 린치, 샌드라 모리스
효율적인 동맹 관계 구축 | 공급망 관리의 우선순위 | 원가 절감과 공급망 관리 | 직능 조직의 장애물 | 공급망 관리 작업 | 인적 요소와 테크놀로지의 중요성 | 가치망 대 공급망

5 CHAPTER 트리플 에이 공급망 구축하기 119
하우 리

지속 가능한 경쟁우위를 만들려면 | 효율을 저해하는 요소들 | 기민성 키우기 | 공급망 적응시키기 | 올바른 정렬 만들기 | 세븐일레븐재팬의 세 가지 에이스들

6 CHAPTER 토요타 생산 시스템 유전자 판독하기 153
스티븐 스피어, H. 켄트 바우언

엄정한 규격 그 자체에 답이 있다 | 원칙 1: 작업 활동 수행 방법 | 원칙 2: 사람 연결 방법 | 원칙 3: 생산 라인 구축 방법 | 원칙 4: 개선 방법 | 이상(理想)을 향한 토요타의 신념 | 원칙들이 조직에 미치는 영향

7 CHAPTER 토요타의 리더 교육법 185
스티븐 스피어

왜 토요타 시스템은 복제하기 힘들까 | 훈련 프로그램 | 훈련을 통해 습득한 교훈들 | 지속적인 실험을 통한 학습이 리더를 만든다

8 CHAPTER 공급망 안에서 인센티브 정렬하기 211
V. G. 나라야난, 아난스 라만

네트워크 이익 극대화하기 | 인센티브가 정도를 벗어나는 이유 | 인센티브 정렬하기 | 계약 재체결하기 | 숨은 정보 드러내기 | 신뢰 개발하기

출처 및 주석 238

1

생산적인 협업 모델 만들기

더글러스 램버트
Douglas M. Lambert

A. 마이클 크네메이어
A. Michael Knemeyer

2003년도에 웬디스인터내셔널(Wendy's International, 이하 웬디스)과 타이슨푸즈(Tyson Foods, 이하 타이슨)의 관리자들이 공급망 파트너십을 만들려고 모였을 때 양쪽 다 불만에 차 있었다. 웬디스 쪽 사람들은 과거에 겪었던 타이슨과의 불화를 기억하고 있었고, 타이슨 쪽 사람들은 웬디스의 의도에 경계심을 품고 있었다. 그러나 두 회사는 '파트너십 모델'이라는 도구를 이용해 좋은 방향으로 관계를 시작할 수 있었다.

오하이오 주립대학의 글로벌공급망포럼(Global Supply Chain Forum)에 참여한 회원사들의 경험을 바탕으로 만든 '파트너십 모델'은 기대치를 조정하고 가장 생산적인 수준의 파트너 만들기 과정을 제시한다. 이 모델은 성공의 요건이 되는 상호 이해와 실행 내용을 신속하게 정립하고 결과를 측정하는 체계를 제공해준다. 파트너십은 회사들이 각기 독자적으로 일했을 때 달성할 수 있는 것보다 훨씬 나은 결과를 실제로 만들어낼 수 있어야만 그 존재 가치를 인정받을 수 있다. 그리고 비록 그런 결과들이 보장된다 하더라도 파트너들이 서로 일치되지 않는 기대치를 가지고 있다면 실패할 수도 있다.

하루 반나절에 걸친 과정을 통해 파트너십 모델은 파트너십을 원하는 각 회사의 욕구 뒤에 숨은 동인들을 명료하게 밝혀주며, 협력 활동을 촉진하거나 혹은 곤란하게 만드는 조건들을 관리자들이 점검할 수 있도록 만들어주고, 그 관계가 효과를 거두기 위해 관리자들이 수행해야 하는 행동들을 명시해준다.

웬디스뿐만 아니라 다른 회사의 사례에서도 어떤 형태의 파트너십이 가장 적절한지 결정할 때 이 모델이 효과적이었음이 입증되었다. 예를 들면 콜게이트-팜올리브(Colgate-Palmolive)는 재무 목표를 확장시키기 위해 혁신적 제품의 주요 공급자들에게까지 이 모델을 사용했다. 뿐만 아니라 파트너십 모델은 파트너십에 관한 잘못된 비전을 가진 회사들을 밝혀내는 데에도 효과적이다.

생산적인 협업 모델 만들기

협업 욕구 뒤에 숨은 동인을 찾아서

2003년 12월, 웬디스와 타이슨의 관리자들이 공급망 파트너십을 만들려고 자리를 함께했을 때 각 진영은 속으로 불만을 품고 협상 테이블로 나왔다. 웬디스 쪽 사람들은 과거에 겪었던 타이슨과의 불화를 너무나 뚜렷하게 기억하고 있었다. 불과 몇 해 전에 웬디스는 타이슨으로부터 다시는 물건을 구매하지 않기로 공식적인 결정을 내렸다. 타이슨 쪽 사람들 중 몇몇은 과거 자신들의 비즈니스에서 이익 목표를 달성할 수 없을 정도로 지나친 요구를 했던 웬디스를 경계하고 있었다.

그동안 몇 가지 변화가 일어나지 않았더라면 두 회사는 결코 협상 테이블에 마주 앉지 않았을 터였다.

첫째, 웬디스가 고객들의 취향에 맞추어 새로운 메뉴를 개발함에 따라, 닭고기가 소고기만큼이나 중요하게 되었다. 웬디스 레스토랑 체인은 닭고기 대량 공급자를 확보하고 있었으나 또 다른 공급자가 필요했다. 둘째, 타이슨이 업계를 주도하는 소고기 공급자인 IBP를 인수했는데, 웬디스는 IBP와 강력한 유대관계를 맺고 있었고 IBP의 사장 겸 COO(Chief Operating Officer, 최고 업무 집행 책임자)였던 리처드 본드(Richard Bond)가 새롭게 통합된 회사의 사장 겸 COO를 맡고 있어서 타이슨과 함께 일하는 데 그가 중재 역할을 해줄 수 있으리라고 판단했다. 셋째, 두 회사는 좋은 방향으로 관계를 시작하는 데 도움을 줄 수 있는 새로운 도구인 파트너십 모델을 갖고 있었다. 오하이오 주립대학의 글로벌공급망포럼의 후원으로 개발된 이 모델은, 최적의 파트너 만들기에 성공한 15개 회원사들의 경험으로부터 얻은 교훈들을 토대로 만들어졌다. 이 모델은 협업 결과가 가장 생산적일 수 있도록 기대치를 정렬하고 협업 수준을 결정하는 과정을 제시한다.

이 글을 통해 우리는 여러분의 손에 이 도구를 쥐어주려고 한다. 하루 반나절에 걸쳐 이루어지는 파트너십 모델은 각 회사의 협업 욕구 뒤에 숨은 추진 동인을 밝혀내는 방법과, 협업 활동을 촉진하거나 곤란하게 만드는 조건들을 관리자들이 점검할 수 있도록 만드는 방법, 파트너십이 효과를 거두기 위해서 두 회사의 관리자들이 반드시 수행해야 하는 행동과 그 수준을 명시해주는 방법을 설명한다. 웬디스를 비롯해 파트너십을 맺으려는 십여 건의 사례에서 입증되었듯이, 이 모델은 성공의 요건이 되는 상호 이해와 실행 내용을 신속하게 확립하고 성과를 측정하는 체계를 제공해준다(그림 1-1 '파트너십 모델' 참조).

파트너십을 위한 파트너십은 없다

수많은 파트너십들이 가치를 창출하지 못하는 이유는 무엇일까? 가장

그림 1-1 파트너십 모델

1992년에 첫 모임을 가졌을 때, 글로벌공급망포럼 회원사들은 효율적인 파트너십을 만들 수 있는 방법에 관한 통찰의 필요성을 공감했다. 그들의 경험에 관한 연구가 이 모델의 기초가 되었고 십여 차례의 파트너십 촉진 회의를 거치면서 다듬어졌다. 관리자들은 파트너를 갖고자 하는 욕구 뒤에 숨겨진 진정한 추진 동인들을 이야기하고 협업을 촉진할 수 있는 조건들을 점검한다. 이 모델은 그들이 파트너십의 형태를 결정하고 필요한 관리 요소들을 드러내도록 도와준다. 나중에, 파트너들이 그런 관계에 만족하지 못하게 되면 그들은 동인들이나 촉진 요소들이 바뀌었는지 또는 관리 요소들이 적정한 수준을 유지하고 있는지를 판단하고 결정한다.

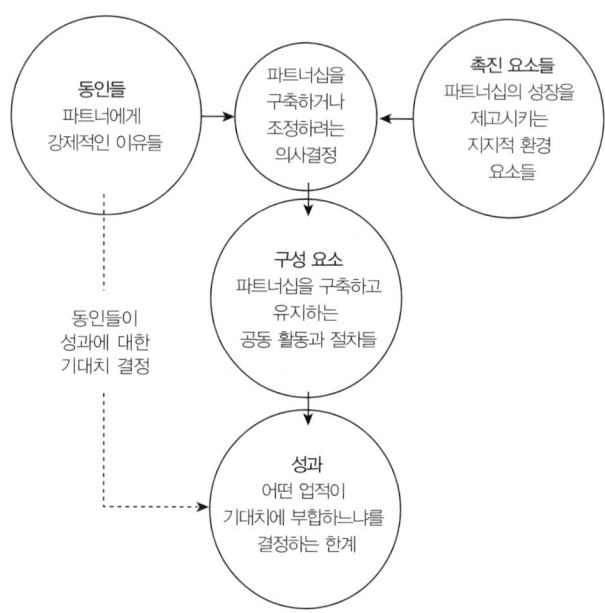

출처: 더글러스 램버트(Douglas M. Lambert), 마거릿 엠멜하인즈(Margaret A. Emmelhainz), 존 가드너(John T. Gardner), 「So You Think You Want a Partner?」, 『마케팅 매니지먼트』, 1996년 여름호.

큰 이유는 결코 이루어져서는 안 되는 파트너십이 존재하기 때문이다. 파트너십을 실행하려면 추가적인 커뮤니케이션과 업무 조정, 위험 분담에 따른 비용이 많이 소요된다. 회사들이 파트너를 만들지 않고 독자적으로 일했을 때에 달성할 수 있는 것보다 실질적으로 더 나은 결과를 만들어 낼 때에만 파트너십은 그 존재가치를 인정받을 수 있다.

글로벌공급망포럼과의 공동 연구 초기에 회원사들이 들려준 성공적인 파트너십 사례를 통해 우리는 이 점을 납득할 수 있었다. 그중 하나는 포장운송회사와 제조업자 간에 이루어진 협정이었다. 포장운송회사는 약속된 수익을 얻었고, 제조업자는 미리 약정된 수준의 비용을 지출하고 서비스를 제공받았다. 하지만 그것은 파트너십이 아니라 취급량이 보장된 거래처 단일화 계약이었다. 파트너십을 맺지 않더라도 종종 원하는 결과를 얻을 수 있다는 사실이 중요하다. 실제로 그런 경우라면 파트너십을 맺을 필요가 없다. 그저 마음에 드는 계약만 체결하는 편이 낫다. 다만 개별적인 공급자 또는 고객과 긴밀한 관계를 형성하기에 충분한 인적 자원을 갖고 있지 않을 뿐이다.

웬디스의 경우, 관리자들이 파트너십을 맺을 수 있는 기회의 가치가 높은지 혹은 낮은지 구별하기 위해, '웬디스에 주는 복잡성'과 '구매량'이라 이름 붙인 축들로 이루어진 4행 매트릭스를 이용한다. 예를 들어 빨대와 같은 물품들은 대량으로 구매하지만 맛, 재료, 안전성 등이 복잡하지 않다. 음식의 주요 원재료들처럼 수량도 많고 복잡성이 높은 경우에만 웬디스는 파트너십을 맺는다. 콜게이트-팜올리브는 '원가 절감 가능성'과 '혁신 가능성'으로 이루어진 매트릭스에 따라 공급자들을 평가하고 이 두 요소 모두에서 순위가 높은 공급자들 중에서 파트너를 찾는다.

타당성이 입증될 때까지 파트너십을 유보해두는 것은 파트너십이 가치를 만들어낼 수 있도록 보장하는 하나의 방책이다. 하지만 설사 그러하더라도, 파트너들이 서로 다른 기대치를 갖고 파트너십을 형성하면 실패할 수도 있다. 결혼식에서 하는 '서약'처럼, '파트너십'이라는 단어

역시 당사자들이 각자 매우 다르게 해석할 수 있다. 양쪽은 종종, 자신들이 가정한 내용들이 결코 불분명하게 표현되었다고 생각하지 않으며 의문의 여지가 없기 때문에 상대방도 자신들과 똑같이 해석하리라고 확신한다.

공급망 파트너십이 성공을 거두려면 가능성이 높은 관계들을 겨냥하여 그쪽으로 기대치를 정렬시키는 방법을 찾아야 한다. 파트너십 모델은 공급자 선정 도구가 아니라 이를 위해 설계되었다. 예를 들어 웬디스의 공급망 관리 담당 수석부사장인 주디 홀리스(Judy Hollis)는 225개 공급자로 정리하는 조치를 통해 공급자 집단을 축소시킨 후에야 비로소 이 모델을 사용했다.

당시 웬디스는 "이제 결정은 내려졌습니다. 당신은 공급자입니다. 당신의 비즈니스는 위험하지 않습니다. 우리가 하려는 일은 최소의 노력으로 최대의 소득을 얻을 수 있는 관계를 구축하는 것입니다"라고 말할 수 있었다. 이러한 확신에 찬 발언은 다른 사람들로 하여금 자신들도 파트너십을 희망하고 있음을 보다 솔직하게 말할 수 있도록 해주었다. 파트너십 형성 과정이 성공하려면 이런 일이 절대적으로 필요하다.

솔직한 토론을 위한 포럼

파트너십 모델에 따라 잠재적 파트너 회사의 주요 대표자들이 파트너십에만 초점을 맞추어 토론하기 위해 하루 반나절 동안 함께 지낸다. 그들에게는 약간의 준비 작업이 필요하지만 회의를 주선하는 사람들(대개는 그 과정을 주도적으로 시작한 회사의 스태프 직원들)은 그러지 않아도 된다.

회의를 주선하는 사람들에게는 회의가 시작되기 전에 수행해야 할 몇 가지 중요한 임무가 주어진다.

첫째, 회의를 하기에 적당한 장소를 물색해야 하는데 가급적 두 회사로부터 멀리 떨어져 있는 곳이 좋다.

둘째, 회의 리더(진행자)를 결정해야 한다. 우리가 포럼 회원사들의 경험을 통해서 알게 된 바로는, 어느 한쪽 회사와 관련 있는 사람에게 리더를 맡기는 것은 좋지 않다. 일례로 마스터푸즈유에스에이(Masterfoods USA)의 구매 업무를 담당하는 돈 자블론스키(Don Jablonski)는 누구나 인정하는 훌륭한 남자이며 회의를 진행하는 능력도 아주 뛰어나고 파트너십 모델에 대해서도 잘 알고 있었지만, 회의 시 공급자 측 사람들이 전혀 입을 열지 않았기 때문에 회의가 진척되지 않았다. 따라서 외부 인사 중에서 회의 리더를 뽑는 것이 바람직하다.

셋째, 회의에 적합한 사람들이 참석할 수 있도록 일정을 조정해야 한다. 대표자들의 숫자는 한정되어 있지 않으나 양사의 당사자는 직능별로 전문 지식을 갖고 있는 관리자들과 직원들을 광범위하게 포함해야 한다. 고위경영자들이 참석하면 회의 결과에 대해 재고의 여지가 없다는 점을 확신하게 만들며, 인사와 재무, 마케팅 담당 부서의 중간관리자들과 실무책임자, 스태프 직원들이 참석하면 양사가 기대하고 있는 장래의 일상적인 교류에 대해 가치가 있으리라고 전망하도록 만들 수 있다.

회의장 안에서의 목표

소개와 개략적인 설명이 끝나면 첫날 오전은 '동인 회의'를 하면서 보내는데, 이때 각 진영의 팀들은 "동인 회의가 우리에게 주는 이득은 무엇인가?"라는 문제의식을 갖고 잠재적 파트너십을 검토한다(이 글의 마지막에 있는 '28시간 활용 방법' 참조).

각 팀은 2개의 방으로 나뉘어 들어가, 파트너십을 반드시 해야 하는 이유들을 자사의 관점에서 토론하고 그 내용을 적으라는 요청을 받는다. 그런 관계를 맺었을 때 자사가 이득을 볼 수 있는지의 여부와 그 방법에 관해 참석자들이 자유롭게 솔직히 이야기할 수 있는 분위기를 만들어주는 것이 매우 중요하다. 어떤 팀은 앞으로 얻게 될 이득이 별로 없을 수도 있다. 반대로 다른 팀에는 플립 차트의 여러 쪽을 가득 채울 만큼 얻게 될 이득이 많을 수도 있다.

파트너십의 추진 동인은 자산과 비용의 효율성, 대고객 서비스 제고, 마케팅 우위 선점, 이익의 성장성 또는 안정성 등의 네 가지 범주로 나눌 수 있다. 회의 리더와 미리 준비된 서식을 통해 이들 범주 각각에 대한 설명이 명백하게 이루어져야 한다.

예를 들어 자산과 비용의 효율성이라는 범주에 관해서 각 팀은 제품 원가나 분배, 포장, 정보 처리 등에서 원하는 절감 내용들을 명기해야 한다. 이 작업의 목적은 참가자들이 각 추진 동인의 범주에 관해 계량적 수치와 목표를 사용해 특별히 강조하고자 하는 내용들을 기술하는 것이다. 팀들이 측정 가능한 목표들을 분명하게 밝히도록 하는 것이 임무인 회의 리더에게는 이 일이 그날 해야 할 일들 가운데에서 가장 어려운 부분일 수도 있다.

어느 한 팀이 우리 회사는 '개선된 자산 활용' 또는 '제품 원가 절약'을 추구한다고 이야기하는 것으로는 충분하지 않다. 활용도를 80%에서 98%로 향상한다거나 제품 원가를 매년 7%씩 절감한다는 식으로 목표를 명확하게 밝혀야 한다.

그다음에, 팀들은 네 가지 범주 각각에서 파트너십이 추구하는 결과를 가져다줄 수 있는 가능성을 평가하기 위해 5점(1점은 '불가능'이고 5점은 '확실함')으로 나누어진 척도를 활용한다. 만약 그 결과가 해당 산업의 벤치마크에 부합하거나 이를 능가함으로써 지속 가능한 경쟁우위를 가져온다면 추가 점수가 주어진다. 따라서 평점은 6점까지 올라간다. 이렇게 얻어진 평점을 합산하여 각 진영의 동인 합계 평점을 산출한다. 이때 가능한 최고 평점은 24점이다.

그날 하는 일들이 흥미를 자아내는 것은 이 시점이다. 두 팀이 한 방에 모여 상대방에게 자기네의 동인들과 평점들을 제시한다. 게임의 규칙은 분명하게 정해져 있다. 만약 한 진영에서 상대방의 목표들이 달성될 수 있는 방법을 이해하지 못하면 반드시 해명하도록 조치한다. 동인에 대해 이의를 제기하지 못하는 것은 동의를 뜻하고 파트너들은 그것에 협조할 책임을 떠맡는다.

예를 들어 웬디스의 한 공급자가 적어낸 동인들에, 캐나다에 있는 웬디스의 자회사인 팀호튼스(Tim Hortons)와 더 많은 거래를 할 수 있는 전망이 포함되어 있었다. 웬디스 팀은 팀호튼스의 경영진이 독립적으로 의사결정을 한다는 이유를 들어 그 동인을 거부했다. 이것은 대부분의 파트너십에서, 분명히 밝혀지지 않았다가 나중에 불만의 근원이 되는 기대치의 한 가지 예에 불과하다.

그러나 기대치는 하향 조정되는 빈도와 같은 비율로 상향 조정된다. 동인을 제시하는 관리자들은 대개, 양 진영 모두가 상대방이 그럴 생각이 없으리라고 가정하여 이전에는 제기하지도 않았던 공통된 목표를 발견하고는 뜻하지 않은 기쁨을 맛보았다.

동인 회의는 각자의 동기들을 회의석상에 다 드러내어 놓고 양 진영의 기대치를 가늠할 수 있는 매우 소중한 기회이다. 이 회의는 이의가 있는 문제들을 토론하거나 과거에 가졌던 불만을 깨끗하게 해소해주는 적법한 포럼 역할을 하기도 한다. 웬디스의 한 회의에서는, 회사가 요구하는 규격을 맞추려면 비용이 많이 드는 이유에 관한 토론이 느닷없이 아주 유용한 방향으로 진행되었다. 또 다른 회의에서 구매자 측에서 나온 한 관리자는 "이것은 마치, 당신이 내가 옛날만큼 예쁘지 않다고 생각한 시점에 다다른 결혼 같다는 느낌이 든다"라고 말했다. 그러자 상대방이 끼어들었다. "글쎄, 당신은 이제 더 이상 내가 결혼했던 그 여인이 아닐지도 모르지."

웬디스-타이슨 회의에서 주디 홀리스는 "동인들을 서로 이야기하는 동안 그들이 우리에게 제시한 것들은 우리가 그들과 보다 깊은 관계를 가질 수 있다는 사실을 확인시켜주었다. 단지 우리를 만족시켜주는 것들만 보았다면 우리는 보다 깊은 관계로 발전하지 못했을 것이다"라고 말했다. 이처럼 솔직한 토론들은 두 진영이 함께 일함으로써 얻을 수 있는 이득에 대해 재조명할 수 있게 해준다.

공존 가능성 추구

두 진영이 자기네가 달성하기를 바라는 사업 결과에 대해 일단 합의하면, 파트너십이 제 기능을 발휘할 수 있는 조직적 환경으로 초점이 옮겨진다. 새로운 회의에서 두 진영은 파트너십을 지원하기 위해, 우리가 '촉진제'라고 부르는 분명한 주요 요소들의 한계를 함께 검토한다.

이 가운데 가장 중요한 네 가지는 기업 문화의 공존 가능성, 경영 철학과 기술력의 공존 가능성, 강력한 상호 의존감, 두 당사자 사이의 균형이다. 회의 참가자들은 촉진제의 인지된 능력을 다시 5점으로 된 척도에 의해 다함께 채점하라는 요구를 받게 된다(물론 이것은 참가자들이 채점의 바탕이 되는 상호 간의 교류를 가졌던 전력이 있었음을 뜻한다. 만약 그 관계가 전혀 새로운 것이라면 관리자들은 이 평가를 시도하기 전에 얼마간의 시간을 들여 공동 사업을 수행해볼 필요가 있다).

문화와 경영 철학, 기술력에 관해서는 동일성을 찾지 않는 것이 요체(要締)이다. 파트너들이 동질의 문화나 경영 방식을 가질 필요는 없다. 약간 다른 것이 오히려 도움이 된다. 대신, 참가자들은 분명히 문제를 일으킬 가능성이 있는 차이들을 생각해보아야 한다. 혹시 한 회사의 경영진은 상부에서 의사결정을 하고서 조직의 하부가 이를 실행하도록 강압적으로 밀어붙이는 반면, 다른 회사의 경영진은 상부에서 지시만 하는 것은 아닌가? 한쪽은 지속적인 향상을 도모하는데 다른 쪽은 그렇지 않은가? 직원들은 투쟁적인 방법을 통해 보상을 받는가?

회의 리더는 조직들이 훌륭하게 조화를 이룰 것이라는 장밋빛 그림을 그리려는 각 진영의 본연적 경향을 헤아려야 한다. 이를 위해 리더는 참가자들에게 그들이 열거할 수 있는 문화 또는 경영의 유사성 실례를 들어보라고 요구해야 한다. 일단 그 실례가 회의 테이블에 올라오면 회의실 안에 있는 누군가의 입을 통해서 "그렇긴 하지만 그들 역시 이걸 하며……"라는 식으로 종종 반박할 것이다.

공동 목적과 전망에 관한 상호 의존감은 매우 중요하다. 이것은 조직들이 제로섬(zero-sum) 심리 상태를 뛰어넘고 비록 한 파트너가 소득 증대라는 압박을 받고 있더라도 파트너십의 정신을 존중하도록 도와준다. 상호 의존감은 시스템을 통합하거나 어떤 재무적 정보를 공유하는 일을 기꺼이 실행하는 일로 이어질 수도 있다. 당사자 간의 균형은 종종 비교할 수 있는 척도 또는 산업 내의 지위, 브랜드 이미지를 뜻한다. 그러나 두 회사가 이런 영역에서 전혀 다르더라도, 가령 규모가 더 작은 회사가 희귀 제품 시장에서 자기만의 유일하거나 매우 중요한 부품을 공급하여 더 큰 회사가 경쟁우위를 차지하도록 기여함으로써 상대방이 시장에서 이룬 성공에 양쪽이 똑같은 크기의 힘을 발휘하고 있다면 양쪽 모두가 서로의 상호 의존감에 높은 평점을 줄 것이다.

이 네 가지 주요 촉진제들 말고도 공동의 경쟁자들, 물리적 근접성, 배제 가능성, 이전의 관계 경험, 공동의 최종소비자 등 다섯 가지 요소를 평가해야 한다. 각 요소에 1점씩을 주면 촉진제의 최대 총점은 25점이 된다. 이 요소들은, 설사 없더라도 파트너십의 능력을 떨어뜨리지는 않지만 그것들이 존재하면 유대관계를 더욱 공고하게 만든다.

1990년대에 펩시를 함께 미워했던 맥도날드와 코카콜라가 파트너십을 이루도록 만들었던 유례없는 친밀감을 떠올려보자. 당시 펩시는 KFC와 타코벨, 피자헛 프랜차이즈들을 소유해 맥도날드보다 더 많은 영업장을 보유했다.

물리적 근접성은 웬디스가 소스 공급자인 티마제티(T. Marzetti)와 맺었던 파트너십에 하나의 촉진 요소로 작용했음이 분명하다. 두 회사의 본사가 오하이오 주 콜럼버스에 있어 R&D 부서 직원들은 쉽게 공동 연구를 할 수 있다. 근접성의 혜택은 3M과 타깃(Target)의 파트너십에서도 볼 수 있다. 지역의 자선 활동과 예술 단체, 공동체 구성 활동 등을 통해 서로 간의 교류에 익숙했던 트윈시티(Twin Cities, 미시시피 강을 사이에 두고 서로 마주하고 있으면서 큰 다리로 연결된 미네소타 주의 두 도시 미네아폴리스와

그림 1-2 파트너에 대한 성향 매트릭스

어떤 유형의 파트너십이 최선일까? 일단 파트너가 되려는 욕구를 측정하고 활동들을 쉽게 조정할 수 있는 방법을 결정하면, 함께 일하기를 고려하는 회사들은 파트너십을 형성할 것인가의 여부를 결정하고 또 만약 형성한다면 어떤 수준이어야 하는가를 결정하기 위해 이 매트릭스를 활용할 수 있다.

	회사들의 파트너십에 대한 욕구 ('동인 평점'으로 측정)		
	8~11	12~15	16~24
16~25			최선의 파트너십 유형: 각 회사가 상대방을 자신의 분신으로 간주하는 유형 III
12~15	최선의 파트너십 유형: 조정 활동이 제한되는 유형 I	최선의 파트너십 유형: 다수 부문들의 활동이 통합되는 유형 II	
8~11	최선의 파트너십 유형 독립 유지		

(세로축: 조정의 용이함 ('촉진제 평점'으로 측정))

세인트폴을 일컫는다 - 옮긴이)에 거주하는 두 회사의 관리자들은 그들의 업무를 공동으로 수행하기가 어렵지 않음을 알았다.

첫 회의에서 채점한 촉진제와 동인들의 평점이 파트너 만들기의 처방전을 만들어내기 때문에 이런 요소들을 세심하게 정확히 평가하는 것은 때때로 상당한 노력을 기울여야 할 가치가 있다. 그림 1-2 '파트너에 대한 성향 매트릭스'는 유형 I, 유형 II, 유형 III 파트너십 혹은 단순한 독립적 관계 가운데 어떤 유형의 결합이 최선인지를 평점을 통해 파악하는 방법을 보여준다.

각 유형은 관리의 복잡성과 자원 사용의 다양한 수준들에 따라 달라진다. 유형 I에서는 각 조직들이 서로를 파트너로 인식하며 제한된 범위 안에서 행동과 계획 입안을 조정한다. 유형 II에서는 회사들이 다수의 부문과 직능들을 망라한 행동들을 통합한다. 유형 III에서는 회사들이 상대방을 자신의 분신처럼 생각하며 상당한 수준의 통합된 기능들을 공유한다. 제휴 측면에서 보면, 유형 III 파트너십은 전략적 제휴와 동일한 것이지만, 제휴 범위가 작은 것보다 큰 것이 더 좋다는 암시를 주어서는 안 되기 때문에 우리는 그런 뉘앙스를 풍기는 용어를 피하려고 조심했다.

내용의 올바른 이해를 위해, 앞서 설명한 웬디스가 공급자의 수를 225개로 정리한 이후에 파트너십을 맺기 시작했다는 사실을 상기하라. 이 공급자들 가운데 상위 40개 공급자만이 파트너십 모델 과정을 거쳐 선정되었다. 그리고 소수의 파트너십만이 최종적으로 유형 III이 될 것이다. 아마도 12~15개의 파트너십은 유형 II로, 약 20개의 파트너십은 유형 I이 될 것이다. 이것이 적절한 분포인 듯하다. 우리는 참가자들이 유형 III의 파트너십을 갈망하기를 바라지 않는다. 그저 그들이 비즈니스 상황과 조직적 환경에 관계의 유형을 맞추기를 바랄 뿐이다.

회의실 안에 있는 관리자들이 단순히 처방전을 받아들여야 하는 것은 아니다. 그들이 어느 면에서든 결과에 놀라게 된다면, 이는 실체를 조사하기에 적절한 시기에 이르렀다는 신호인지도 모른다. 이런 경우에는 다음과 같이 자문해보아야 한다. "우리의 동인과 촉진제들을 알게 되었는데도 이 유형의 파트너십을 이루려고 자원을 투입하는 것이 타당한가?" 만약 대답하기가 망설여진다면, 파트너십의 관리적 요건에 초점을 맞춘 이 과정의 마지막 회의에서 문제들이 명백하게 해결될 것이다.

행동 항목과 시간 계획

세 번째 회의에서는, 파트너십을 개시하고 유지하기 위해 필요한 공동의 행동과 절차인 관리 요소들을 집중 조명하기 위해 참가자들이 다시 함께 모여 회의를 시작한다. 동인들과 촉진제들은 어떤 유형의 관계가 최선인지 결정하고, 관리 요소들은 파트너십을 구축하는 뼈대가 된다. 여기에는 기획 능력, 공동 작업 통제력, 커뮤니케이션, 위험·포상 공유가 포함된다. 이런 요소들은 모든 형태의 기업과 비즈니스 환경에 보편적으로 해당되며, 동인과 촉진제와는 달리 관련된 관리자들로부터 직접 통제를 받는다.

두 진영은 공동으로 파트너십의 유형에 적합한 수준별로 관리 요소들을 정연하게 나열하기 위한 행동 계획을 만든다. 중요도의 순서에 따라 일람표로 만든 관리 요소 표가 참가자들에게 주어진다(표의 일부가 표 1-1 '파트너십에 필요한 관리 요소들'에 나와 있다). 팀들에 주어지는 첫 임무는 이미 작성된 요소들의 중요도를 결정하는 일이다. 이것은 빠르게 진행되는 절차이다. 즉 참가자들은 각 형태의 활동들이 상위, 중위, 하위 계층의 어디에서 수행되는가에 유의하면서 표에 적혀 있는 요소들을 훑어본다. 일반적으로 말해, 유형 III 파트너십에서는 관리 요소들이 상위 계층에, 유형 II에서는 중위 계층에, 유형 I에서는 하위 계층에 있어야 한다.

예를 들어 공동 작업 통제라는 항목에서는 유형 III 파트너십은 공동적으로 실적 측정 방법을 개발하고 그런 측정 방법들을 회사들의 결합된 실적에 적용하도록 요구할 것이다. 반대로 유형 II 파트너십은, 한쪽의 파트너가 얼마나 좋은 실적을 올렸느냐에 상관없이 각 회사의 개별적인 실적에 적용하는 실적 측정 방법을 포함할 것이다. 유형 I 파트너십에서는,

표 1-1 파트너십에 필요한 관리 요소들*

파트너십 요소	하위 계층	중위 계층	상위 계층
기획			
• 스타일	• 특별한 목적에 따라	• 정기적인 계획에 따라	• 체계적: 예정된 것과 특별한 것 둘 다
• 수준	• 프로젝트 또는 임무에 초점	• 절차에 초점	• 관계에 초점
• 내용	• 기존 계획들의 공유	• 전략들의 상충을 제거하며 공동으로 수행	• 최고경영자를 포함한 다수의 계층에서 공동으로 수행; 각기 상대방의 사업기획에 참여
공동 작업 통제			
• 측정	• 실적 측정 방법은 독자적으로 개발하지만 성과는 공유될 것임.	• 측정 방법을 공동으로 개발하고 공유. 개별 회사의 업적에 초점을 맞춤.	• 측정 방법을 공동으로 개발하고 공유. 관계와 공동 업적에 초점을 맞춤.
• 변화 실시 능력	• 당사자들이 상대방의 시스템 변화를 제안할 수도 있음.	• 당사자들은 승인을 받은 뒤에 상대방의 시스템을 바꿀 수도 있음.	• 당사자들은 승인을 받지 않고 상대방의 시스템을 바꿀 수도 있음.
커뮤니케이션			
• 비정례적	• 매우 제한적. 대개 임무 또는 프로젝트 추진 계층에서의 중요한 문제만 다룸.	• 보다 정기적으로 다수의 계층에서 이루어짐. 대개 공개적이고 솔직함.	• 관계의 일부로 계획됨. 모든 계층에서 이루어짐. 칭찬과 비판을 공유함. 당사자들은 "동일한 언어로 이야기함."
• 일상적 조직	• 특별한 목적에 따라 개인들 사이에서 진행	• 제한된 회수의 예정된 커뮤니케이션: 약간의 정례화	• 체계화된 커뮤니케이션 방법: 커뮤니케이션 시스템이 연결됨
• 균형	• 원칙적으로 일방적	• 쌍방향적이나 불균형적	• 균형적인 쌍방향적 커뮤니케이션 흐름
• 전자 장비	• 개인적 시스템 이용	• 개인적 시스템의 공동 수정 보완	• 요구에 맞춘 전자적 커뮤니케이션의 공동 개발
위험 · 포상 공유			
• 손실 허용 한도	• 손실 허용 한도가 매우 낮음	• 단기 손실에 대한 약간의 허용 한도	• 단기 손실에 대해 높은 허용 한도
• 소득 양허	• 타자의 소득에 대해 제한적인 자발적 협조	• 타자의 소득에 대해 자발적 협조	• 타자가 소득을 얻도록 협조하기 원함.
• 공정성 확보	• 공정성은 거래에 의해 평가됨.	• 공정성은 매년 추적됨.	• 공정성은 관계가 지속되는 동안 측정됨.

* 일반적으로 유형 III 파트너십은 대부분의 구성 요소에서 높은 수준을 요하며, 유형 II 파트너십은 중간 수준을, 그리고 유형 I 관계는 낮은 수준을 요한다(이것은 관리 요소들의 일부만을 적은 것이다).

비록 성과는 공유하지만 상호 간에 만족할 수 있는 실적 측정 방법을 개발하기 위해 두 회사가 함께 일하지는 않을 것이다.

각각의 관리 요소에 관해, 현재의 상태에서 파트너십이 요구하는 능력 수준으로 끌어올리기 위해 무엇을 해야 하는지를 참가자들이 개략적으로 기술해야 한다. 이때는 첫 회의에서 합의된 동인들을 다시 살펴보고 각각에 대한 행동 계획 수립하는 것이 도움이 된다. 이런 행동 계획에서 현재의 관리 요소들이 지닌 결함이 명확하게 드러난다. 예를 들어 특수한 목적의 달성이 체계적인 공동 기획에 달려 있을 수도 있는데, 참가자들은 기획 업무는 하위 계층에서 수행되고 있다고 말하기도 한다. 이 경우 기획 업무가 서서히 상위 계층으로 올라갔음이 분명하다.

타이슨-웬디스 회의에서 명백하게 밝혀졌던 필요성들 가운데 한 가지는 상위 계층들에서의 커뮤니케이션 증대였다. 두 회사의 실무자 계층에 속한 사람들은 정기적으로 효율적인 의사소통을 하고 있었으나 최고위층에서는 전례가 없었다.

웬디스의 물자 관리자인 조 고든(Joe Gordon)은 이것이 문제인 이유를 이렇게 설명했다. "종업원들은 때때로 일상적 관계에서 장애를 만나기도 하는데, 과거에는 그것들을 극복하려는 시도를 포기할 수밖에 없었다." 대화를 위해 최고위층들이 자리를 함께할 것을 행동 계획에 명시한 이후부터 그런 문제점들을 말하기가 훨씬 쉬워졌다.

회의를 마친 참가자들은 행동 항목들과 그 행동들을 실천할 시간 계획, 책임지고 일할 집단들의 임명 문제를 갖고 자리를 뜬다. 그렇게나 많은 일들이 그처럼 짧은 기간 내에 달성되었다는 사실은 계속적인 동기 부여의 원천이 된다.

타이슨의 닭고기 생산 책임자인 다니 킹(Donnie King)은 회의에 참석하는 일에 대해 회의적이었음을 토로했다. 그는 "사람들은 그 회의가 그저 모닥불 주위에 둘러앉아 서로 손을 맞잡고 「쿰바야」 노래나 부르는 걸로 끝나고, 아무런 변화도 가져오지 않는 일련의 과정이라고 믿기 쉽습니다"라고 말했다. 그러나 회의장을 떠날 때 그는 정말로 변화가 있으리라고 예상할 수 있었다.

다재다능한 도구

타이슨과 웬디스 사이에서 이루어지고 있는 현재의 교류와 협력의 질적 수준은 파트너십 모델이 새로운 관계를 모색하는 경우뿐만 아니라 문제가 된 관계를 호전하려는 경우에도 효율적임을 시사한다. 오늘날 웬디스는 타이슨으로부터 엄청난 수량을 구매하며, 두 회사 간의 파트너십이 주요 재료 공급자들과 맺은 웬디스의 다른 파트너십이 만드는 가치와 비슷한 가치를 만들고 있다고 믿고 있다.

타이슨의 리처드 본드는 "두 회사 사이에는 보다 높은 수준의 신뢰감이 형성되어 있습니다. 품질 보증 규정과 (웬디스가 실시하는) 우리 공장들에 대한 감사 방법에 관해, (그 절차들을) 우리에게 일방적으로 지시하지 않으며 우리는 서로 상당히 깊이 관여하고 있습니다"라고 말했다.

두 회사의 R&D와 마케팅 부문들은, 타이슨을 주공급자로 삼아 웬디스가 메뉴를 확장할 수 있도록 만들어줄 새로운 제품 개발을 시작했다. 최근 한 인터뷰에서 우리는 웬디스의 공급망 관리 담당이사인 토니 셰러(Tony Scherer)에게 2003년 12월에 열렸던 파트너십 회의에서 나누었던 긴박한 대화들을 들려달라고 요청했다. 우리는 과거의 역사가 여전히 두 회사의 관계를 짓누르고 있는지 의문스러웠다. 그는 다음과 같이 대답했다. "아니요, 우리는 이제 그 일을 다 떨쳐버렸습니다. 앞으로 우리의 관계는 발전할 것이라고 생각합니다."

또 다른 회사들에서는, 파트너십 모델의 성과가 다른 방식으로 나타났다. 콜게이트-팜올리브는 이 모델을 혁신적 제품의 주요 공급자들에게까지 재무적 목표를 성공적으로 확대시키는 일을 돕는 도구로 활용했다. 테일러메이드-아디다스골프(TaylorMade-adidas Golf Company)는 중국에서 공급자 관계를 구축하는 데 이것을 사용했다. 인터내셔널페이퍼(International Paper)에서는 이 모델이 서로 물품을 공급하고 별도의 손익계산서를 만드는 두 부문 사이의 기대치를 맞추는 일을 도와주었다.

카길(Cargill)의 경우에는, 마스터푸즈와 거래하는 각각의 부문들 몇몇이 보다 단결된 모습을 고객에게 보여주기를 회사가 원했을 때 도움이 되었다. 카길의 7개 그룹들이 마스터푸즈의 3개 부문들과 대화를 나눈 회의는 버거웠지만, 그 대화를 통해 브라질에 있는 카길의 코코아 공장을 마스터푸즈에서의 상품가격 리스크에 대한 대비책으로 보다 효율적으로 활용해 광범위한 혜택을 얻었다.

하지만 이런 성공 사례만을 강조하다가는 이 모델의 중요한 요소들 가운데 많은 부분을 놓치게 된다. 성공 사례 못지않게 중요한 것은, 파트너십에 대한 자신들의 비전이 마땅히 만들어내리라고 기대할 수 있는 혜택들에 의해 정당화되지 않는다는 사실을 참가자들이 회의를 통해 깨닫게 된다는 점이다. 인간관계에서는 한동안 나누었던 사랑을 잃는 편이 오히려 더 나은 결과를 가져오기도 한다. 하지만 비즈니스 관계에 있어서는 실패한 파트너십으로 인한 자원 낭비와 쉽사리 사라지지 않는 분노감은 미리 피하는 게 훨씬 낫다.

한쪽 또는 양쪽 모두에게 실망만 안겨주고 끝난 관계들을 연구해보면 서로 맞지 않고 비현실적인 기대라는 공통적인 요소를 발견하게 될 것이다. 각 회사의 경영진은 '파트너십' 이라는 동일한 단어를 사용했지만, 마음속으로는 서로 전혀 다른 관계를 계획하고 있었던 것이다. 파트너십 모델은 두 당사자가 기회를 포괄적으로 그러면서도 실체만을 보게 도와준다.

:: 28시간 활용 방법

회의 전
각 회사에서 각기 다른 직종의 일을 하는 다양한 계층의 사람들로 구성된 팀이 참가하는지 확인한 후 회의 시간을 정한다. 장소는 두 회사로부터 멀리 떨어져 있는 곳을 물색하는 것이 좋다.

첫째 날
오전
- 소개 및 개관: 회의 리더가 파트너십 모델에 대한 이론적인 설명을 한다.
- 동인 확인: 두 팀은 각기 따로 모여 자신들이 파트너십을 추구하는 이유를 토의한 뒤 자산과 원가의 효율성, 대고객 서비스 제고, 마케팅 우위 선점, 이익 성장성 또는 안정성 등의 네 가지 범주로 나누어서 특별하고 자사만의 이유들을 열거한 명세를 만든다. 각 범주별로 파트너십이 이런 목표들에 기여할 수 있는 가능성을 나타내는 평점을 부여한다.

오후
- 동인 제시: 상대방에게 자신들의 동인들을 제시한다. 각 팀은 매 동인에 대해 지지 불가하거나 수용 불가능하다고 생각하는 것에 대해서 이의를 제기해야 한다. 목표에 이의를 제기하지 않는 것은 동의를 뜻하며, 그 조직은 잠재적 파트너가 그 목표를 달성하도록 도울 책임이 있다. 또한 팀들은 동인 평점들을 비교하는데, 두 팀의 평점 중에서 낮은 점수가 제안된 파트너십에 활용할 동인 평점이 된다(그것은 동기부여가 덜 된 팀이 그 관계를 제한하는 요소이기 때문이다).
- 촉진제 평가: 팀들은 공유하는 조직적 환경의 특성들 가운데에서 제휴를 돕거나 혹은 방해할 만한 것들을 공동으로 검토한다. 기본적인 네 가지와 추가적인 다섯 가지 요소들에 평점을 매긴다.
- 파트너십 수준 처방전: 그룹은 파트너에 대한 성향 매트릭스를 작성하고 협의하는데 이를 통해 평점을 기초로 한 처방전을 만든다. 이상적인 관계는 유형 I, 유형 II, 유형 III 중 한 유형의 파트너십 혹은 단순히 독립적인 연합처럼 보인다.

둘째 날

오전

- 관리 요소 검토: 매트릭스에 처방된 파트너십의 수준에 따라 요구되는 관리 요소들을 검토하고 그 요소들이 현재 두 회사 내부에 어느 정도 존재하고 있는지 살펴본다. 필요한 요소들을 개발하기 위한 계획도 수립된다. 그 계획들에는 특정 행동들, 책임질 당사자들, 완료 시한 등이 포함된다.
- 재검토: 특별 행동 계획에 포함되었는지를 확실하게 해두기 위해 첫째 날에 확인된 동인들을 재검토한다.

2

긴밀한 공급자 관계 구축하기

제프리 라이커
Jeffrey K. Liker

토머스 최
Thomas Y. Choi

자사의 공급사들이 경쟁사들의 공급사들보다 더 빨리 원가를 절감하고, 품질을 향상시키며, 혁신 활동을 진행시켜주기를 기대하는 기업들이 점점 늘어나고 있다. 이런 목적을 달성하기 위해서는 일본 경쟁사들과 마찬가지로 미국 기업들도 공급사 계열, 즉 모회사와 함께 배우고 개선하고 번영하는 중소기업들의 네트워크를 구축해야 한다. 그러나 과거 여러 사례를 살펴보면 알 수 있듯이, 말하기는 쉬우나 실천하기는 어렵다. 몇몇 미국 기업들이 외형적으로는 일본 경쟁사들과 유사한 공급망을 만들었으나 공급사들과 맺고 있는 관계의 본질은 바뀌지 않았다. 그 결과, 제조사들과 공급사들의 관계는 수십 년의 세월을 보내는 동안 최악의 수준으로 떨어졌다.

이제 계열화는 그 실효성을 다했다는 보고들은 지나치게 과장된 면이 있다. 일본식 공급사 파트너 만들기 모델은 일본뿐만 아니라 북미 대륙에서도 잘 유지되고 있다. 지난 10년 동안, 자동차 제조사인 토요타와 혼다는 빅스리(big three, 미국의 3대 자동차 제조사인 GM과 포드, 크라이슬러를 일컫는다 — 옮긴이)와 사이가 안 좋은 공급사들 가운데 몇몇 회사와 파트너십을 성공적으로 체결했으며, 캐나다와 미국, 멕시코에 걸쳐 효율적인 계열을 만들어냈다.

그렇다면 토요타와 혼다는 어떻게 그 일이 가능했을까? 20년 이상 미국과 일본의 자동차산업 연구에 몰두해온 필자들은 그들이 여섯 단계에 걸친 작업을 통해 공급사 관계를 구축했음을 알아냈다. 첫째, 공급사들의 작업 방법을 이해한다. 둘째, 공급사의 경쟁 관계를 기회로 바꾼다. 셋째, 중소 공급사들을 면밀하게 관찰한다. 넷째, 중소 공급사들의 능력을 개발한다. 다섯째, 집중적이지만 선택적으로 정보를 공유한다. 여섯째, 중소 공급사들이 제조 공정을 지속적으로 개선하도록 도와준다. 토요타와 혼다는 이 지침들을 일관되게 잘 따른 결과 빅스리와의 싸움에서 살아남았을 뿐만 아니라 싸움터를 재정의하였다.

토요타와 혼다에게 배우는 지혜

"빅스리(미국 자동차 제조사들)는 (그들이 구매하는 부품들의) 연간 원가 절감 목표를 설정한다. 이 목표를 달성하기 위해서 그들은 무슨 일이든 할 것이다. (실현되지는 않았지만) 공포감이 조성되고 상황은 매년 더 나빠졌다. (그 회사들에서 근무하는) 사람들 가운데 누구 하나 믿을 만한 사람이 없다."

– 포드, GM, 크라이슬러의 내부 시스템 공급사 이사, 1999년 10월

"혼다는 지나치게 많은 요구를 하는 고객이지만 우리에게 성실하다. (미국) 자동차 제조사들은 우리에게 설계하도록 시킨 뒤 그것을 입찰에 붙여 다른 공급사들에게도 참여하도록 요청해 최저가 입찰자에게 그 일을 맡겼다. 혼다는 결코 그런 짓을 하지 않는다."

– 포드, GM, 크라이슬러, 혼다의 산업용 잠금장치 공급사 CEO, 2002년 4월

"개인적인 의견이지만, (포드는) 직원들을 '증오(憎惡)학원'에 보내어 공급사

를 미워하는 방법을 배우도록 시키는 듯하다. 이 회사는 극도로 적대적이다. 포드와 거래한 이후에 나는 이 회사에서 생산한 자동차를 사지 않기로 결심했다."

– 포드의 공급사 수석임원, 2002년 10월

"토요타는 우리가 생산 시스템을 놀라울 정도로 개선하도록 도와주었다. 우리는 한 가지 부품을 만드는 일부터 시작했는데 우리가 개선을 이루자 (토요타는) 그것에 대한 포상으로 더 많은 부품들을 주문하였다. 토요타는 우리의 가장 좋은 고객이다."

– 포드, GM, 크라이슬러, 토요타의 공급사 수석임원, 2001년 7월

오늘날의 규모 지향적이고 기술집약적인 글로벌 경제에서는 모든 기업들이 파트너십이 공급망의 생명선임을 알고 있다. 특히 선진 경제에서는 더 많은 부품과 서비스를 다른 공급사들로부터 구매하는 사례가 과거 어느 때보다 많아졌다.

『퍼처싱(Purchasing)』의 추정에 따르면, 미국의 100대 제조사들의 매출액 1달러를 기준으로 했을 때의 원자재 구매액은 1996년에는 43센트였으나 2002년에는 48센트로 늘어났다. 자사의 공급사들이 경쟁사들의 중소 공급사들보다 더 빨리 원가를 절감하고, 품질을 향상시키고, 새로운 공정과 제품을 개발하는 일에 자사의 성공이 좌우되는 회사들이 점점 늘어나고 있다.

실제로, 자사가 직접 부품을 구매하여 제품을 조립하는 일을 계속해야 하는지 아니면 생산의 전 과정을 아웃소싱해야 하는지를 평가하는 회사들이 생겨나기 시작했다. 그런데 문제는 지금까지 독립성을 유지해오던 공급사와의 관계를 긴밀한 파트너십으로 바꿀지의 여부가 아니라 그것

이 가능한지 여부다. 한 가지 다행스러운 점은 일본 경쟁사들과 마찬가지로, 지속적으로 배우며 개선하여 모회사와 함께 번영을 누릴 수 있도록 해주는 긴밀한 네트워크인 공급사 계열을 미국 기업들도 구축해야 한다는 점에 대해서 전문가들이 일치된 견해를 보인다는 것이다(물론 일본 기업들이 하는 방식대로 공급사들과 복잡하게 주식을 서로 교차 소유하는 관계를 만들어야 한다는 이야기는 아니다).

이전에는 항상 괴롭히기만 했던 공급사들과 가족 같은 유대관계를 구축해야 한다는 전망 때문에 두려워하는 기업들에, 우리의 연구는 나쁜 소식과 함께 좋은 소식도 전해준다.

나쁜 소식은, 공급사들과 유대관계를 구축하는 일이 상상하는 것보다 훨씬 어렵다는 것이다. 20년 이상의 세월 동안 많은 미국 기업들이 공급사들과 유대관계를 공고히 하고자 했으나 다들 실패했다. 1980년대 품질 향상 운동의 일환으로, 미국 기업들은 일본의 공급사 파트너 만들기 모델의 외형만 모방했다. 함께 사업을 해왔던 다수의 공급사들을 잘라버린 다음, 남은 공급사들은 장기 계약을 맺어 보상해주었다. 그리고 원도급 중소 공급사들로 하여금 하청받은 공급사들을 관리하도록 했으며, 부품 대신에 하부조직을 만들게 하고, 품질 및 원가 관리의 책임을 맡겨 부품이 적기에 인도되도록 유도했다. 2001년, 맬컴볼드리지국가품질대상위원회는 '주요 공급사 및 고객과의 파트너 만들기와 커뮤니케이션의 메커니즘'이라는 별도의 시상 부문을 만들었고 이에 따라 미국 내 최고 기업을 선정했다.

미국 기업들은 외형적으로는 일본 경쟁사들과 유사한 공급망을 만들었지만, 공급사들과의 관계의 근원적인 본질은 바꾸지 않았다. 지속적인 품질 향상과 연례적인 가격 인하 같은 베스트 프랙티스(best practice, 최선의 관행을 일컫는 말로 토요타에서 개발되어 협력업체들로 확대되었다 – 옮긴이)의 이행을 두고 제조사들과 공급사들 사이에 심각한 싸움이 벌어졌던 때로부터 그리 오래되지 않은 시기에 파트너 만들기 운동이 시작되었다.

21세기로 접어들 즈음, 두 가지 추가적인 요인들로 인해 공급사 선정에 있어 원가가 다시 중요한 기준이 되었다. 첫째, 기업들은 전 세계에 걸쳐 보다 쉽게 부품을 공급받을 수 있게 되었다. 대표적인 예가 중국이다. 그들은 공급사들과의 관계에 투자함으로써 얻는 장기적인 이윤보다는 낮은 인건비를 통해 얻는 즉각적인 이윤이 훨씬 낫다는 결론에 도달했다. 둘째, 인터넷을 이용한 과학 기술들의 개발과 전파에 힘입어 이전에 했던 것보다 훨씬 더 효율적으로(그리고 더 잔인하게) 원가를 무기삼아 공급사 간 경쟁이 가능하게 되었다.

그 결과, 미국 내에서의 제조사와 공급사 관계는 너무나 악화되어 품질혁명 운동이 시작되기 이전보다 오히려 더 나빠졌다. 예를 들어 미국 자동차산업의 경우, 포드는 가장 값싼 부품을 사기 위해 온라인 역입찰 제도를 이용한다. GM은 일방적으로 통고만 하면 비용이 덜 드는 공급사로 옮겨갈 수 있는 계약서를 작성한다. 크라이슬러는 계열을 구축하려고 시도했지만 1998년 다임러(Daimler)에 인수된 이후 그 진행 과정은 물거품이 되었다.

빅스리가 공급사들과 다소간의 마찰이 있었다는 사실은 그리 놀라운 일이 아니다. 미국의 자동차 제조사들이 계열을 구축하려다가 무참하게 실패했던 전력이 있는지라, 대부분의 서구 회사들은 일본의 문화와 사회를 벗어난 다른 곳에서 이 모델을 복제해서 사용할 수 있을지 의구심을 가진다.

한편, 좋은 소식은 어쩌면 '시간' 일지도 모른다. 냉소가들의 믿음과는 달리, 이제 계열화는 그 실효성을 다했다는 보고들은 지나치게 과장된 면이 있다. 일본식 공급사 파트너 만들기 모델은 일본뿐만 아니라 북미 대륙에서도 잘 유지되고 있다. 아니 오히려 번성하고 있는 실정이다. 지난 10년 동안, 1600억 달러 규모의 토요타와 750억 달러 규모의 혼다는 빅스리와 불화 상태에 있는 공급사들 가운데 몇몇과 주목할 만한 파트너십을 체결했다. 또한 캐나다와 미국, 멕시코에 걸쳐 새로운 계열을 구축해 자사의 공급사들과 긴밀하게 협조하며 일하고 있다.

2003년 북미 대륙에서 팔린 210만 대의 토요타 렉서스와 160만 대의 혼다 아큐라 가운데, 토요타는 60%를, 혼다는 80%를 북미 대륙에서 생산했다. 더구나 두 회사는 각 자동차 생산 원가의 약 70~80%에 달하는 값어치의 부품과 서비스를 북미 대륙에 있는 공급사들로부터 조달했다. 실패의 위험성이 있음에도 불구하고, 토요타와 혼다는 이국적인 서구 문화 안에 일본의 공급사 네트워크 조직을 훌륭하게 복제하고자 했다. 그 결과, 그들은 미국 자동차산업 내에서 최선의 공급사 관계를 만들어, 가장 신속한 제품 개발 과정을 만들어냈으며 해마다 원가 절감과 품질 향상을 이루어왔다. 그 증거들은 다음과 같다.

- 2003년, 미시건 주 버밍엄에 소재한 리서치 회사인 플래닝퍼스펙티브(Planning Perspective)가 미국 자동차산업의 제조사와 공급사 관계를 가늠하는 주된 척도의 하나인, OEM(Original Equipment Manufacturer, 주문자 상표 부착 생산) 벤치마크 조사를 실시했을 때, 함께 일하고 싶은 선호도가 가장 높은 회사로 토요타와 혼다가 뽑혔다. 신뢰도를 비롯해 인지할 수 있는 기회에 이르는 17개 범주에서 토요타와 혼다가 수위를 차지했다. 닛산(Nissan)이 그 뒤를 이은 반면 크라이슬러, 포드, GM은 평점에서 큰 차이를 보이면

서 각각 4, 5, 6위를 차지했다. 특히 공급사들은 토요타와 혼다가 소통이 더 잘되는 회사들이며, 그들은 다른 제조사들보다 더 믿음직스러우며 공급사의 수익성에도 더 관심을 갖는다고 말했다.

- 미국 자동차 제조사들이 새로운 자동차를 디자인하는 데 2~3년이 걸리는 데 반해 토요타와 혼다는 단지 12~18개월 안에 그런 일을 해낼 수 있었다. 작년에, 제이디파워앤어소시에이츠(J. D. Power & Associates)가 실시한 한 연구에서 공급사들은 자신들과 함께 혁신을 촉진하는 측면에서 토요타를 최상위 회사들 가운데 하나로, 혼다를 평균 이상의 회사로 평가했다. 반면 크라이슬러, 포드, GM은 평균 이하였다.
- 여러 학술 연구지들에 따르면, 토요타와 혼다는 1990년대 동안 캄리(Camry)와 아코드(Accord)의 제조 원가를 약 25% 낮추었는데도 제이디파워앤어소시에이츠와 『컨슈머 리포츠(Consumer Reports)』의 조사에서 두 회사는 최초의 품질과 장기적인 내구성 부문에서 수위를 차지해왔다. 그들은 또한 지난 10년 동안 가장 믿을 만한 자동차를 생산했고, 미국 내에서 GM, 포드, 크라이슬러보다 훨씬 적은 승용차를 리콜했다.

그들의 경쟁자들이 이처럼 잘못된 길을 가고 있을 때, 토요타와 혼다는 어떻게 바른 길로 갈 수 있었을까? 우리는 미국과 일본의 자동차산업을 20년 이상 연구해왔다. 1999~2002년, 일본과 미국에 있는 50명 이상의 토요타와 혼다의 관리자들과 두 회사의 미국 자회사에서 퇴직한 경영자들 몇 사람, 북미 자동차산업계에 종사하는 40군데 이상의 공급사들의 관리자들과 면담을 했다. 또한 미국 내 토요타와 혼다의 공장들 및 공급사들의 공장들과 기술센터들, 미시건 주 앤아버에 있는 토요타기술센터, 오하이오 주 메리스빌에 있는 혼다 미국구매본부도 방문했다. 그 결과 우리는 토요타와 혼다가 다음에 나오는 서로 유사한 접근 방법을 통해 미국의 공급사들과 파트너십을 만들어냈다는 사실을 알아냈다.

엄한 사랑이 가져다준 성공

토요타와 혼다는 1980년대에 북미 대륙에 생산기지를 세울 때, 우선 일본의 공급사들이 미국 기업들과 합작회사를 만들도록 권장하는 일부터 했다. 그런 다음 자기네 공급사로 개발할 수 있는 지역 기업들을 선정했다. 그들은 새로 선정한 중소기업들에 시험적으로 소량 주문하면서, 원가와 품질, 인도 시기 등의 기준에 잘 맞추어주기를 원했다. 공급사들이 첫 주문을 잘 이행하면 토요타와 혼다는 더 많은 주문을 해 포상해줌과 동시에 자신들만의 사업 수행 '방식들'을 가르쳤다(이런 접근 방법들을 더 알아보려면, 제프리 라이커(Jeffrey K. Liker)의 『The Toyota Way: 14 Management Principles from the World's Greatest Manufacturer』와 데이브 넬슨(Dave Nelson), 릭 메이요(Rick Mayo), 퍼트리셔 무디(Patricia E. Moody)의 『Powered by Honda: Developing Excellence in the Global Enterprise』를 참조하기 바람).

토요타와 혼다의 공급사 파트너 만들기 모델의 요소들을 각각 비교해본 결과, 비록 두 기업이 다른 도구를 사용했지만 놀랄 만큼 유사한 토대를 만들어냈다는 점을 알아냈다. 전문가들은 대개 목표 가격 책정 같은 방책들의 사용을 강조하지만, 우리는 토요타와 혼다가 다음과 같은 분명한 단계를 거쳐 훌륭한 공급사 관계를 형성했다고 생각한다.

첫째, 공급사의 작업 방법을 이해한다. 둘째, 공급사 경쟁을 기회로 바꾼다. 셋째, 중소 공급사들을 감독한다. 넷째, 공급사들의 기술력을 발전시킨다. 다섯째, 정보를 집중적으로 그러나 선별적으로 공유한다. 여섯째, 공동의 개선 활동을 진행한다.

이 중 몇몇 단계들은 서로 보완적이다. 만약 제조사들이 이해 기반도 마련하지 않은 채 통제력을 행사하려 들면, 그런 행동은 공급사들을 도박 행위로 이끌어갈 것이다. 그래서 우리는 '공급사 파트너 만들기 계층도'를 만들어 한 단계가 다음 단계를 이끌어가는 여섯 단계를 나타냈다. 토요타와 혼다가 성공한 것은 이들 요소들 가운데 하나나 둘이 아닌 여섯 가지 모두를 하나의 시스템으로 함께 사용했기 때문이다(그림 2-1 '공급사 파트너 만들기 계층도' 참조).

대부분의 중소 공급사들은 토요타와 혼다가 최고의 고객이며 가장 다루기 힘든 고객이라고 생각한다. 두 회사는 높은 기준을 설정하고 파트너들이 그 기준을 맞출 수 있을 만큼 성장하기를 기대하며, 공급사들이 자신들의 기대를 충족할 수 있도록 도와준다.

토요타와 혼다는 이윤 극대화를 원하지만 그것이 공급사들의 비용 부담으로 이루어지는 것은 원하지 않는다. 토요타 생산 시스템을 만든 오노 다이이치는 이렇게 말했다. "공급사들을 괴롭혀서 모회사가 비즈니스의 실적을 달성하는 일은 토요타의 생산 시스템 정신에 전혀 부합되지 않는 것입니다."

이 발언에서 가장 중심이 되는 단어는 신뢰와 서로 함께 잘살기라는 뜻을 내포한 장기적인 관계를 나타내는 '모(母)'이다. 동시에, 그 관계는 엄격한 단련 및 향상과 성장에 대한 기대감을 함축적으로 의미한다.

차세대 승용차를 위해 구매할 170가지 부품 가격의 30% 절감을 목표로 하는 토요타의 21세기 원가 경쟁력 구축(CCC21) 프로그램을 예로 들어보자. 우리는 면담을 하는 동안, 중소 공급사들이 "CCC21은 공정하지 못

그림 2-1 공급사 파트너 만들기 계층도

공동의 개선 활동 진행
- 공급사들과 베스트 프랙티스 교환
- 공급사의 시설에서 개선 프로젝트 주도적 시도
- 공급사 연구 그룹 결성

집중적이지만 선별적인 정보 공유
- 회의를 위한 특별한 시간, 장소, 안건 결정
- 정보 공유를 위한 확고한 양식 활용
- 정확한 자료 수집 강조
- 체계화된 양식으로 정보 공유

공급사의 기술력 개발
- 공급사의 문제 해결 기술 양성
- 공용의 기술 용어 사전 개발
- 핵심 공급사의 혁신 능력 연마

공급사 감독
- 핵심 공급사들에 월간 보고 카드 발송
- 즉각적이고 항시적인 피드백 제공
- 문제 해결에 상위관리자들 관여

공급사 경쟁을 기회로 전환
- 두세 군데 중소 공급사들로부터 각 부품 조달
- 공존할 수 있는 생산 철학과 시스템 창출
- 기술을 이전하고 통제를 유지하기 위해 기존 공급사들과 합작회사 설립

공급사의 작업 방식 이해
- 공급사의 사업 내용 파악
- 공급사의 작업 방법을 보기 위해 방문
- 공급사의 능력 존중
- 공동 번영을 위한 실행

하다"라고 비난하는 소리를 듣지 못했다. 대신 그들은 토요타가 제시하는 것과 같은 인하된 가격으로 부품을 공급하겠다고 말했다. 그들은 자사의 제조공정에서 낭비적 요소들을 제거하여 그 절감 목표를 달성할 수 있도록 토요타가 도와줄 것이라고 믿고 있었다. 그리고 토요타의 엄한 사랑이 있기에, 그들은 미래에 더 큰 경쟁력을 갖추고 더 많은 이익을 낼 수 있게 되리라고 믿고 있었다.

공급사의 작업 방식을 이해하라

"내가 (빅스리의 경영자들에게) 목표 가격을 어떻게 결정했냐고 물을 때마다 그들의 대답은 침묵이다. 그들은 아무런 근거도 없이 목표 가격을 결정한다. 재무 관리자가 그저 가용 자금을 배분할 뿐이다. '이게 우리가 제동 장치를 살 때 통상적으로 지출하는 액수이고, 이건 금년에 당신이 받게 될 예산이다'라고 말하면서. 우리가 어떻게 그만큼의 원가를 절감할 수 있는지에 대해 그들은 아무런 아이디어를 갖고 있지 않다. 그들은 그저 가격 인하만을 바랄 뿐이다."

― 미국 자동차 제조사들의 브레이크 라이닝 공급사 수석임원, 2002년 2월

우리가 알고 있는 대부분의 회사들과는 달리, 토요타와 혼다는 공급사들에 관해 될 수 있는 한 많이 알기 위해 어려움도 무릅쓴다. 그들은 중소 공급사들이 자기들에 대해 알고 있는 만큼 자기들도 그 공급사들에 대해 알고 있어야만 파트너십의 토대를 만들 수 있다고 생각한다.

그들은 함께 사업하는 기업들의 운영 형태와 문화를 파악하는 일을 대충 해치우지 않는다. 토요타는 공급사들의 작업 방식을 직접 보고 납득

하기 위해 경영진을 파견하는 관행을 표현하기 위해 '겐치 겐부츠' 또는 '겜바'라는 용어들을 사용한다. 현장에서 직접 눈으로 보고 확인하는 현장주의를 담은 말이다. 공급사들을 이해하기 위해서는 모든 계층의 관리자들, 심지어는 사장을 포함한 이들이 우선적으로 공급사들을 연구해야 한다고 두 회사는 주장한다.

그 과정은 꽤 많은 시간을 요하지만 대체적으로 공급사와 제조사 양쪽에 가치 있는 일임에 분명하다. 미국의 혼다가 금형과 용접 작업을 해줄 기업으로 애틀랜틱툴앤다이(Atlantic Tool & Die, 이하 애틀랜틱)를 선정하려는 생각을 가다듬고 있던 1987년, 혼다는 클리블랜드에 있는 그 회사 공장에 자사 엔지니어 한 명을 1년 동안 파견 근무시켰다. 1년 동안, 그 엔지니어는 애틀랜틱의 작업 방식을 연구하고 자료와 실제적인 사례들을 수집하여 자신이 발견한 내용들을 애틀랜틱 경영자와 비공식적으로 공유했다.

얼마 후, 애틀랜틱은 그 엔지니어가 내린 결론에 동의했고 그의 제안 가운데 상당 부분을 실행에 옮겼는데, 그로 인해 작업 현장에서 놀랄 만한 개선이 이루어졌다. 그가 파견 근무를 시작한 지 6개월쯤 되었을 때, 애틀랜틱의 상위관리자들은 회사의 교범들을 보여달라고 부탁하는 혼다 엔지니어의 부탁을 마지못해 승낙했다. 하지만 그가 애틀랜틱을 떠날 무렵 그는 애틀랜틱의 조업 내용과 원가 구조에 관해 거의 모든 것을 파악하고 있었다.

1988년 두 회사가 함께 일하기 시작했을 때 그 지식이 유용했음이 입증되었다. 일본 회사들은 관습적으로 구매하는 부품과 서비스의 가격을 일반적인 작업 순서와 반대로 결정한다. 원가를 계산하고, 이익 마진을 더하여 제품 가격을 결정하는 미국식 관행을 따르지 않는 것이다. 일본 회사들은 소비자들이 받아들일 만한 제품 가격을 먼저 정한 다음, 그 품목에서 기대하는 이익을 만들어낼 수 있는 원가를 산출한다. 그런 과정을 통해 경영자들은 목표 가격, 즉 그 제품에 배정된 예산 범위 내에서 부품과 서비스를 구매한 대가로 공급사들에 지급할 금액을 정한다.

따라서 혼다가 애틀랜틱에 첫 번째 일을 맡기면서 목표 가격을 제시했을 때 혼다는 물론 애틀랜틱도 혼다의 이익이 매우 적을 수도 있다는 점을 알고 있었다. 하지만 혼다는 애틀랜틱이 장기간에 걸쳐 원가를 절감하면 자사의 이익을 높일 수 있으리라고 기대했다.

약간의 공감대만 형성되어도 상호 이해의 폭은 상당히 넓어진다. 애틀랜틱이 혼다와 계약을 이어갔던 이유들 가운데 하나는, 첫 번째 거래에서 자사가 이익을 얻을 수 있도록 혼다가 허용한 것으로 볼 때 혼다가 공정하게 행동하고 있다는 믿음을 가졌기 때문이다. 또한 파견되어온 혼다의 엔지니어와 함께 1년간 일해봄으로써 혼다의 도움을 받아 원가를 절감할 수 있으리라는 자신감을 갖게 되었다.

애틀랜틱이 일단 혼다의 주문들을 처리할 수 있는 능력을 보여주자 혼다는 자사와 관련을 맺고 있는 다른 공급사들에도 애틀랜틱을 추천했다. 그 결과, 이후 5년 동안 애틀랜틱의 사업은 꾸준히 성장했다. 거의 비슷한 시기에 애틀랜틱은 그토록 갈망해왔던 GM의 스피어원(spear 1) 공급사 지위를 얻었는데, 이는 매우 흥미로운 결과를 보여준다. 공급사 지명은 분명히 애틀랜틱이 제조사들 및 그들의 공급사들과의 거래를 더 많이 할 수 있도록 만든 계기가 되었다고 GM은 주장했다. 그러나 그로부터 얼마 지나지 않아, GM은 아무런 설명도 없이 애틀랜틱에 대한 주문을 줄였다. 그 후 2년 동안 애틀랜틱은 GM으로부터 더 이상 주문을 받지 못했고, 스피어원 공급사라는 지위가 암시했던 파트너십은 결실을 맺지 못했다.

공급사 경쟁을 기회로 전환하라

"크라이슬러는 최고의 고객이었기에 우리는 그들을 위해 모든 희생을 다했다. 하지만 지금 우리는 그저 여느 공급사들과 같은 존재였을 뿐이라는 생각이 든다. (그 회사가) 우리를 다른 업자들과 한 통 속에 집어넣어버렸으니 우린 다른 공급사와 같을 뿐이라는 느낌이다."

— 다임러크라이슬러의 공급사 수석임원, 1999년 7월

제조사와 공급사 파트너십 개발과 관련된 여러 가지 좋은 이야기들에도 불구하고, 서구 경영자들은 여전히 계열 체제가 근본적으로 비효율적이고 유연성이 없다고 믿는다. 계열 체제는 부품 구매를 특정 공급사들로 한정하고, 이런 관행은 추가적인 원가 부담과 과학기술적인 면에서의 타협을 초래한다고 그들은 가정한다.

우리는 그런 가정이 옳지 않다고 생각한다. 토요타도 혼다도 어떤 부품을 단 하나의 공급사에 의존하지는 않는다. 두 기업 모두 구매하는 모든 부품이나 원재료에 대해 2~3개 공급사들을 확보한다. 그들은 미국 기업들처럼 10개의 공급사를 원하지는 않지만, 제품 개발 단계의 시작과 동시에 중소 공급사들 간의 경쟁을 시도한다.

예를 들면 토요타는 개발 계획 중인 승용차에 맞는 타이어를 디자인하도록 북미 대륙에 있는 몇몇 공급사들에 요청했다. 그리고 공급사의 자료와 토요타의 주행시험 결과를 기초로 해서 타이어의 성능을 평가한 뒤 최우수 공급사와 계약했다. 선정된 공급사는 그 모델의 생산이 이어지는 동안까지 계약을 유지하지만, 제품의 성능에 하자가 발생하면 토요타는 다음번 계약은 경쟁사들 가운데 하나와 맺는다. 하지만 공급사의 성능이

개선되었을 경우에는 그 공급사에 다른 개발 계획에 참여하여 시장점유율을 만회할 수 있는 기회를 준다.

공급사들 간 경쟁을 유발하는 방식에서 미국과 일본 회사들은 한 가지 주요한 차이점이 있다. 미국 회사들은 공급사들끼리 서로 싸우도록 만들어 마지막에 남은 회사와 거래한다. 토요타와 혼다 역시, 경쟁이 없을 때는 공급사들 간의 경쟁을 유발하지만 기존 공급사들의 지원을 받을 수 있을 경우에만 그렇게 한다.

1988년 토요타는 켄터키 주에서 승용차를 만들기로 결정하면서 존슨컨트롤스(Johnson Controls)를 시트 공급사로 선정했다. 존슨컨트롤스는 인근에 있는 시설을 확장하고 싶어 했으나, 확장를 하려면 대규모 투자가 필요했으므로 토요타는 공급사의 이익이 잠식되리라는 이유를 들어 확장을 반대했다. 대신 토요타는 기존 시설을 이용해서 더 많은 시트를 만들라고 요구했다. 처음에는 불가능해 보였으나, 토요타에서 파견되어온 린 제조(lean manufacturing, 린이라는 용어는 비부가가치적 낭비 요소들을 제거한다는 뜻으로 토요타 생산 시스템의 핵심을 이룬다. 린은 린 생산, 린 경영, 린 기업 등으로 두루 쓰인다 - 옮긴이) 전문가의 도움을 받아, 재고품을 줄여 공장 내부를 재배치함으로써 기존 시설 내에서 더 많은 시트를 만들 수 있었다.

이 경험을 통해, 존슨컨트롤스는 시트를 적기에 공급하는 것만으로는 충분하지 않으며, 지속적으로 원가를 절감하고 품질을 개선할 수 있는 시스템을 활용해야 한다는 사실을 이해하게 되었다. 이런 접근 방법은 존슨컨트롤스의 운영 철학을 토요타의 철학에 더 잘 맞추도록 만들었다.

제조사와 공급사의 관계는 거기에서 끝나지 않았다. 6년 뒤, 다른 시트 공급사를 개발하고자 했을 때 토요타는 미국 내에서 다른 공급사를 찾지 않았다. 대신 토요타는 존슨컨트롤스에, 미국 시장에 들어올 계획을 하고 있던 일본에 있는 토요타의 최대 시트 공급사인 아라코(Araco)와 합작 회사를 만들 용의가 있는지 물었다.

그 제안을 받아들여 1987년 존슨컨트롤스와 아라코는 트림마스터스(Trim Masters)라는 합작회사를 설립했다. 두 회사가 주식의 40%씩 갖고 나머지 20%를 토요타가 소유했다. 존슨컨트롤스는 트림마스터스가 모든 면에서 자사의 경쟁사가 될 수 있도록 방화벽을 설치했다. 10년 뒤, 토요타에 공급하는 시트 사업에서 트림마스터스는 존슨컨트롤스의 주된 경쟁사가 되었다. 2003년 트림마스터스가 시트 공급의 32%를 차지했고 존슨컨트롤스가 56%를 점유했다. 합작회사에 투자한 덕분에 존슨컨트롤스는 트림마스터스의 성공에 따른 혜택을 보았다. 이처럼 토요타는 공급사들 간의 경쟁 조장 필요성을 기존 공급사와의 관계를 더욱 공고하게 만드는 기회로 전환시켰다.

공급사들을 감독하라

"(빅스리는) 통로를 지키고 있는 모니터들이다. 나는 이 방 저 방으로 옮겨 다녀야 하는데 그때마다 그들은 내게 통행증을 요구한다. 우린 그들의 목표에 맞추기 위해 온갖 일을 하지만 그들은 이런 식으로 계속 장벽을 친다."

– 빅스리의 공급사 엔지니어링 이사, 2001년 4월

우리가 대화를 나눈 유럽과 미국, 멕시코의 중소 공급사들은 일본식 파트너십은 대등한 회사들이 맺은 관계라고 간주한다. 공급사들이 스스로 해야 할 일만 하도록 맡겨둘 만큼 토요타와 혼다가 공급사들을 신뢰하고 있음을 뜻하는 윈윈(win-win) 거래를 그들은 곡해하고 있다. 그러나 실제로는, 이 두 회사는 공급사들의 역할이 매우 중요하므로 수수방관할 수 없다고 믿고 있다. 그들은 공급사들이 일하는 방식을 측정하고, 목표를 세워주고, 실적을 항상 관찰할 수 있는 정교한 시스템을 활용한다. 토요타와 혼다가 자사의 공급사들에 보이는 신뢰감과 통제는 동전의 양면 같은 것이다.

예를 들면 비록 하청 또는 재하청을 받은 중소 공급사일지라도, 혼다는 핵심적인 공급사들을 관찰하기 위해 보고서를 활용한다. 『포춘』이 선정한 1000대 기업들의 대부분은 공급사들에 1년 또는 반년 단위로 보고서를 보내는 데 반해 혼다는 공급사들의 최고경영층에게 매월 보고서를 보낸다.

전형적인 보고서는 품질, 제품 인도, 인도된 수량, 성능 기록, 사건 보고, 의견 등의 6개 항목으로 구성되어 있다. 사건 보고 항목은 다시 품질과 인도라는 항목으로 세분된다. 혼다는 공급사에 대한 자사의 입장을 전달하기 위해 의견란을 활용한다.

예를 들어 "훌륭한 작업을 계속해주세요" "계속 노력해주시면 감사하겠습니다"라고 쓰거나, "부품 이름과 번호 표기에서 상표 표기 오류가 기록되었음. 제시한 대응책은 부적당했음"이라는 식으로 문제점을 강조하기 위해 의견란을 이용하기도 한다.

혼다는 핵심 공급사들이 품질과 제품 인도 같은 계량적인 문제에서 자신들의 목표에 부합해주길 기대한다. 한 공급사가 목표에 맞추지 못하면 혼다는 즉각 반응한다. 1998년 초기에 원도급 계약 공급사가 적기 인도 목표를 맞추지 못한 일이 발생했다. 시한을 맞추지 못한 지 몇 시간이 채 지나지 않아, 그 공급사는 혼다로부터 강도 높은 정밀 조사를 받았다. 그 회사는 원인을 찾아내기 위한 방법, 예상되는 소요 시간, 그 상황을 바로 잡기 위해 사용 가능한 수단 등을 혼다에게 설명해야만 했다. 또한 그 일을 마칠 때까지, 주문량을 신속하게 인도하기 위해 자사의 비용으로 교대 근무를 늘려서 생산하겠노라고 약속했다.

토요타와 혼다는 모든 문제를 심각하게 생각하고 근본적인 원인을 밝혀내는 문제 해결 방법들을 사용하도록 공급사들을 교육시킨다. 공급사들이 원인을 찾아내지 못할 경우에는 문제 해결팀을 즉각 파견한다. 이때 문제 해결팀은 문제 해결을 촉진하는 역할을 한다. 직접적인 문제 해결은 공급사 측의 엔지니어들이 직접 나서서 해야 한다.

대개의 미국 회사들과는 달리, 토요타와 혼다는 문제가 발생하면 공급사의 상위관리자들이 문제 해결을 위해 나서기를 원한다. 1997년 북미 대륙의 한 공급사가 디자인과 관련된 품질 문제에 직면했을 때의 일이다. 토요타기술센터 부사장이 그 문제를 논의하기 위해 공급사의 경영자에게 방문을 요청했다. 그 경영자가 도착하자, 그가 문제는 물론 원인들에 대해 전혀 이해하지 못하고 있음이 명백하게 밝혀졌다. "나는 그런 세부적인 사항에는 관여하지 않습니다." 그러나 그는 그 문제에 대해 사과하면서 자기가 그 문제를 떠맡아 해결하겠다고 토요타기술센터 부사장에게 굳게 약속했다.

그러나 토요타의 관리자들은 그 정도의 개입에 만족할 수 없었다. 토요타기술센터 부사장은 공급사의 경영자에게 회사로 돌아가 결함들이 무엇인지 직접 알아보고 그 문제를 완전히 파악한 뒤 다시 돌아와 이 문제의 해결 방안을 의논하자고 말했다.

비슷한 시기에, 토요타는 야자키(Yazaki Corporation)가 납품한 동력선의 품질에 문제가 있음을 발견했다. 공급사의 사장이 켄터키 주 조지타운에 있는 공장으로 날아가 조업 현장에서 토요타의 작업자들이 동력선을 조립하는 과정을 지켜보았다. 공급사 사장이 상황을 파악한 다음 야자키는 그 문제를 해결하기 위해 이미 마련해둔 해결 방안을 토요타에게 공식적으로 제시했다.

공존 가능한 기술력을 개발하라

"공급사 개발이라는 용어는 공급사들이 개발되어야 할 필요가 있다는 인상을 준다. 우리와 같은 공급사들이 일반적으로 (미국 자동차 제조사들의) 직원들을 개발시키고 있는 것이 현재의 실상이다. 그들은 우리에게 와서 이러이러한 방식으로 사업을 운영해야 한다고 강압적으로 이야기하는데, 그럴 때엔 우리도 어쩔 수 없이 우리가 하는 것을 그들에게 훈련시켜야 한다."

— 빅스리 중 한 회사의 공급사 상무이사, 1999년 8월

서구 기업들은 아시아의 저임금 국가들에서 부품들을 조달하는 데 매력을 느낀다. 수많은 미국 자동차 제조사들과 그들의 공급사들은, 마치 그 일 자체가 대단한 성과가 되는 듯 수십억 달러 어치의 부품을 중국에서 구매하고 있다.

그런데 토요타와 혼다는 왜 중국과 인도 공급사들을 이용하지 않는 것일까? 우리의 연구에 따르면, 그동안 두 기업은 중국과 인도로부터 그다지 많은 부품을 구매하지 않았다. 그곳의 공급사들은 단지 인건비 절감만 제공했기 때문이다. 토요타와 혼다는 공급사의 혁신 능력이 인건비 절

감보다 더 중요하다고 생각하므로 그것만으로는 충분하지 않았다.

토요타와 혼다는 원도급 계약 공급사의 제품 개발 능력을 향상시키기 위해 막대한 투자를 해왔다. 오랫동안 이들의 공급사로 일해온 덴소(Denso)와 아이신(Aisin), 아라코 같은 회사들은 자동차 제조사들이 쓸 부품들을 독자적으로 디자인할 수 있는 반면, 북미 대륙의 공급사들은 아직 그런 일을 하기에 충분하지 않다.

예를 들면 타이어는 승용차의 쾌적함, 안전성, 핸들 조작, 소음도 등에 아주 중요한 영향을 미친다. 그런데 미국의 공급사들은 토요타와 혼다가 새로운 타이어의 규격을 모호하게 제시한다고 불평한다. 즉 혼다는 타이어의 저항도에 대한 기대치를 명시하지 않고, 그저 타이어는 적절한 '느낌'을 가져야 하며 그것은 나중에 승용차의 디자인에 따라 조정될 것이라고 말한다. 사실 그 느낌을 계량화하기는 힘들다. 토요타의 기술자들은 탑승자들에게 미치는 타이어의 영향을 표현하기 위해 특수한 단어들을 만들었다. 예를 들면 타이어가 탑승자의 요추 부분에 전달하는 가끔이지만 충격이 큰 움직임을 표현하기 위해 '거칠다' 라는 단어를 쓰고, 탑승자가 복부에서 느끼는 잦은 횟수의 저충격 진동을 '부들부들 떨리다' 라는 단어로 표현한다.

토요타의 엔지니어들은 공급사들이 자기들끼리 나누는 대화의 내용을 이해하고 엔지니어들이 기술한 문제 해결 방안을 확인해주기를 기대한다. 공급사들이 토요타와 혼다가 사용하는 전문용어들을 이해할 수 있을 만큼 배워서 그런 모호하게 표현된 요건들을 잘 해석하여 디자인 해결 방안으로 사용할 수 있게 될 때까지 공급사들은 제조사들에 납품할 새로운 제품을 개발할 수 없다.

그것이 바로 두 회사가 객원 엔지니어 프로그램을 만든 이유이다. 토요타와 혼다는 원도급 공급사에 디자인 엔지니어들을 파견해달라고 요청한다. 파견된 사람들은 2~3년 동안 모회사의 엔지니어들과 함께 일한다. 마침내 공급사 측의 엔지니어들도 개발 과정을 이해하고 모회사에 맞는 디자인 아이디어를 떠올리게 된다. 동시에, 제조사들은 작업자들을 이동시키거나 다국적 제품 개발 프로젝트를 시작함으로써 확고하게 자리 잡게 된 학습훈련장을 만들어 공급사들을 도와준다. 예를 들면 토요타가 일본에 있는 덴소와 함께 일하기 시작한 이후, 토요타의 일본 국내 사업 부문으로부터 미시건 주에 있는 토요타기술센터로, 일본의 덴소로부터 미시건 주 사우스필드에 있는 덴소로 각각 기술과 지식이 이전되었다. 그 이후, 토요타기술센터와 덴소는 미국 시장을 겨냥한 부품 개발을 위해 함께 일하고 있다.

　토요타와 혼다는 각 부품의 수백 가지 측정 가능한 특질들을 확인할 수 있는 체크리스트도 만들었다. 다른 제조사들이 그런 것들을 요구를 하지 않기 때문에 미국의 공급사들은 일본 회사들이 요구하는 자료들을 갖고 있지 않은 경우가 종종 있다. 토요타와 혼다는 먼저 현장에서 자료를 수집하는 방법을 가르치면서 공급사들과 함께 제품 개발 과정을 시작한다.
　예를 들면 제품을 적합하게 디자인할 수 있도록 하기 위해 토요타는 공급사의 장비에 주어진 허용 오차 범위에 관한 정확한 자료를 요구한다. 한 미국 공급사는 수십 년 동안 그런 수치들을 측정해오지 않았기 때문에 개별적인 부품에 관한 정보들을 갖고 있지 않았다. 그 사실을 발견한 토요타는 공정 개선 방법을 마련하기 이전에 먼저 공급사가 자료 수집 시스템을 구축할 수 있도록 도와주었다. 일본 제조사들의 자료와 디자인에 대한 요구사항들을 충족시킬 수 있는 능력을 개발한 공급사는 그런 능력을 갖추지 못한 공급사들보다 더 중요한 공급사로 인정받게 된다.

집중적이지만 선별적으로 정보를 공유하라

"(크라이슬러의 엔지니어들을) 훈련시키는 일에는 위험이 따른다. 우리 직원들은 무척 솔직해서 고객들에게 모든 걸 이야기할 것이다. 크라이슬러의 엔지니어들이 나중에, '당신이 그 일을 일주일 내에 할 수 있다고 아무개가 말했는데' 라든가 (또는 그와 비슷한 말을 하며) 우리를 공격하는 일에 그것을 이용한다는 사실을 그들은 모른다."

– 크라이슬러의 공급사 엔지니어링 담당 이사, 1999년 8월

1990년대 초기 미국식 계열을 만들려고 시도했을 때, 크라이슬러는 공급사들과 엄청난 분량의 자료를 공유하고 수없이 많은 회의를 가졌다 (『하버드 비즈니스 리뷰』 1996년 7~8월호에 게재된 제프리 다이어(Jeffrey H. Dyer)의 논문, 「How Chrysler Created an American Keiretsu」 참조). "우리가 공급사들에 넘쳐날 만큼의 정보를 주고 집중적으로 대화를 나눈다면, 그들은 파트너라는 느낌을 가질 터이다"라는 것이 마치 크라이슬러의 철학 같았다.

그러나 토요타와 혼다는 공급사들과 선택적으로 그리고 체계화된 형태로 의사소통을 하고 정보를 공유하는 것이 옳다고 생각한다. 회의를 하려면 분명한 의제와 특정 시간과 장소가 필요하며, 각 공급사와 정보를 공유하기 위해 정해진 양식이 사용된다. 많은 정보를 모든 사람들과 공유하는 것은 정작 필요할 때에는 아무도 올바른 정보를 갖지 못하게 만든다는 사실을 토요타와 혼다는 알고 있다.

새로운 제품을 공급사들과 함께 개발할 때 토요타와 혼다는 신중하게 정보를 공유한다. 예를 들면 토요타는 부품들을 공급사들이 스스로 디자인할 수 있는 것과 토요타에서 개발해야 하는 것의 두 가지 범주로 나눈

다. 첫 번째 범주에는 바닥 콘솔, 개폐식 지붕, 거울, 잠금장치, 여타의 소형 부품들이 포함된다. 이런 부품들은 승용차의 다른 부분들에 비하여 꽤 독립적으로 작동하므로 공급사들은 토요타의 엔지니어들과 많은 의논을 하지 않고도 디자인할 수 있다. 두 번째 범주에는 금형과 차체 내장에 연결되는 부품들이 포함된다. 토요타는 이런 부품들은 공급사들과 함께 더욱 정교하게 디자인한다. 토요타의 시설 안에서 제조사 측의 엔지니어들과의 긴밀한 의논을 거쳐 공급사들이 이 부품들을 개발해주기를 강력하게 요구한다. 토요타기술센터에는 '디자인 중'이라는 팻말이 붙은 방이 있는데, 그곳은 같은 프로젝트를 수행하는 공급사들에 제공되는 시설이다. 그들은 토요타의 CAD시스템들을 이용해 새로운 승용차에 들어갈 부품들을 디자인한다. 토요타가 자기네만이 갖고 있는 여러 가지 정보들을 제공하므로 공급사들은 토요타기술센터에서 일해야 하며, 특히 프로젝트 초기 단계들에서는 토요타의 엔지니어들과 긴밀하게 협조하며 작업해야 한다.

같은 원칙이, 즉 사람들을 정보의 홍수 속에 파묻어버리면 초점을 잃게 만들고 목표성을 가진 정보만이 성과를 가져온다는 전략으로까지 이어진다. 혼다는 계획안들에 대한 의견을 나누기 위해 각 공급사와 단 한 차례의 최고경영자 회의를 갖는다. 그 회의에는 혼다팀(대개 공급망 관리 담당 부사장 2명과 부사장보 몇 사람)과 공급사팀이 참석한다. 대부분의 공급사들이 투자 의사결정과 여타의 전략 계획들을 수립하는 시기인 회계연도 말을 3개월 정도 앞둔 때에 회의를 개최한다.

지역 단위 및 전 세계적 수준으로 개최되는 회의에는 핵심적인 공급사들만이 참석한다. 혼다는 매년 도쿄에서 개최되는 범세계적 회의에 각 지역으로부터 한 공급사만 초청한다. 2003년 혼다는 북미 대륙에 있는

35개 공급사들과 일대일 회의를 가졌다. 회의에서는 운영 사항들은 논의하지 않고 최고위 수준의 전략적 문제들만 다룬다. 혼다는 다가오는 새해에 어떤 제품을 출시할 예정인지와 신장시키고자 하는 시장의 형태를 공급사들에 알려준다. 그런 다음 테크놀로지, 세계화, 자본재와 공장 시설 확장 같은 주요한 투자에 대해 공급사들이 갖고 있는 전략적 방향과 새로운 제품에 관한 아이디어를 토론한다. 공급사들의 품질과 원가, 제품 인도에서 필요하리라고 판단되는 개선 내용들도 논의된다.

공동의 개선 활동을 진행하라

"우리는 모범사례가 될 만한 토요타의 공급사이다. 토요타가 시스템을 개선하고, (그런 변화를 실행함으로써) 어떻게 (생산 시스템도 마찬가지로) 개선될지를 보여준다. 우리는 빅스리 중의 한 회사의 구매 부서에서 나온 소위 지속적인 개선을 담당하는 전문가와 여러 차례 토론했다. 그는 우리가 하고 있는 일을 보고 싶어 했는데 막상 더 보탤 만한 것은 갖고 있지 않았다."

― 빅스리의 공급사 판매이사, 1999년 7월

많은 미국 공급사들은 토요타나 혼다로부터 처음으로 일을 받으면 자축연을 벌인다. 새로운 사업뿐만 아니라, 자기들이 배우고 개선하며 다른 고객들이 갖고 있는 자기네 회사에 대한 평판을 좋게 만들 수 있는 기회를 얻게 되리라는 사실을 알고 있기 때문이다. 토요타와 혼다는 린 경영의 표본이므로 그들은 자사의 공급사들이 다방면에 걸친 개선을 이루어내도록 도와준다.

예를 들면 혼다는 미국 내에 다수의 엔지니어들을 주재시켰고 그들은 공급사의 시설에서 지속적인 개선 활동을 이끌었다. 다른 자동차 제조사들이 공급사를 개발시키기 위해 일주일에 하루를 할당한 반면, 혼다는 공급사의 공장에 표본적인 생산 라인을 만드는 데 필요한 개발 프로그램에 13주를 할당했다. 회사의 목표는 단순한 기술적 자문을 벗어나 커뮤니케이션의 통로를 만들고 관계를 만드는 것이라고 혼다의 엔지니어들은 믿는다. 그것이 바로 혼다의 엔지니어들이 자사의 공장으로 돌아간 뒤에도 공급사들과 오랫동안 접촉을 유지하고 있는 이유이다.

그러한 임무 완수를 위한 헌신의 결과, 혼다의 베스트 프랙티스 프로그램은 공급사의 생산성을 약 50% 증가시키고, 품질을 30% 향상시키고, 원가를 7% 절감시켜주었다. 그리고 공급사가 원가 절감액의 50%를 혼다와 나누어 가져야만 했으니 그것이 전적으로 이타적(利他的) 행동이라고는 말할 수 없다. 또한 절감된 원가는 공급사가 혼다와 새로운 계약을 체결할 때 한계선이 된다. 그러나 그들은 배운 것을 혼다나 혼다의 경쟁사들의 다른 제품 생산 라인에 적용할 수 있고 원가 절감을 지속할 수 있으므로 공급사들 역시 혜택을 입는다.

혼다와 유사하게, 토요타는 공급사들에 그 유명한 토요타 생산 시스템을 가르친다. 조업 개선 방법을 제조사와 공급사들이 함께 배우는 것을 돕기 위한 한 방편으로 학습그룹팀도 만들었다. 토요타와 공급사에서 일하는 경영자들과 엔지니어들은 함께 토요타에서 나온 선생의 지시에 따라 이 공장에서 저 공장으로 옮겨 다니면서 공급사의 공정 개선 활동을 한다.

북미 대륙 내 토요타 공급사 그룹인 BAMA(Bluegrass Automotive Manufacturers Association, 블루그래스자동차제조인협회)의 협찬을 받았던 이런 활동들은 여러 가지 상이한 환경에서의 토요타 생산 시스템 적용에 대한 개별적인 실천 지향적 경험을 공급사들의 관리자들에게 제공하기도 했다. 공급사 쪽에서 파견 나온 사람들과 1년 내내 함께 지내면서 실제적인 관행과 정보, 관심사들을 서로 나누기 때문에 이런 활동들이 토요타의 공급사들 사이의 유대관계를 공고하게 만들기도 한다.

그 밖에도, BAMA는 자구 노력을 하기로 결정한 공급사들을 지원한다. 예를 들면 2000년에 테네시 주 스미스빌에 있는 시스템이 노후화된 테네코(Tenneco) 공장이 린 제조 작업으로의 전환을 시작하기로 결정하고서 BAMA에 도움을 요청했다. BAMA의 주선으로 테네코의 관리자들이 미국 내에 있는 최우수 린 공급사들 몇 군데를 확인, 방문하였다. 그 경험을 통해 그들은 비전을 세웠다. 그런 다음 관리자들은 회사 내에서 린 제조 작업 전문가를 찾아내 공장 내부의 배치 변경을 포함한 전환 작업을 1년 동안 진행했다.

2002년까지 테네코는 인원을 39% 감축해서 직접노동효율을 92% 향상시켰고, 500만 달러에 달하는 재고를 줄였으며, 원자재의 결함을 부품 100만 개당 638개에서 44개로 줄임으로써 품질 및 인도 실적 우수자에게 주는 토요타상을 수상했다. 테네코는 훌륭한 학생이었지만 BAMA 안에서 좋은 멘토를 만났다는 사실도 빼놓을 수 없다.

린 기업들을 만들기 위해 토요타와 혼다는 맨 먼저 북미 대륙의 니즈를 충족시킬 수 있도록 공급사들을 개발시켰다. 일단 토대가 만들어지자 그들은 공급사들을 확산된 린 기업들과 연계시키는 작업을 시작했다. 이 일은 아직도 진행 중이다. 공급사 파트너 만들기 계층도의 6단계를 정립함으로써 토요타와 혼다는 공급사들이 지속적으로 배워서 향상될 수 있는 기초를 만들었다.

　토요타와 혼다의 프로그램들은 단기간의 원가 절감 운동 같아 보이지만 실제로는 학습을 위한 시도다. 예를 들면 토요타는 자기들이 주도하는 CCC21은 가격 인하 프로그램이 아니라 공급사들에 개선 노력의 동기를 부여하는 도전적 환경을 만들기 위한 하나의 방책이라고 생각한다. 원가를 30% 절감하려면, 공급사들은 조업을 위한 모든 가정들에 의문을 품고 다시 살펴보아야 한다는 것은 잘 알려진 사실이다. 성공하기 위해서는, 확산된 린 기업이 제조사, 제조사와 공급사 사이의 파트너십, 지속적 개선 문화 및 공급망 안에 있는 회사들 간의 공동 학습으로부터 주도권을 가져야 한다. 그것이 바로 토요타와 혼다가 미국에서 다시 만들어진 계열을 통해 최종적으로 달성하려고 노력하는 목표이다.

3

공급망 통제를 통한 이윤 창출

카스라 퍼도우
Kasra Ferdows

마이클 루이스
Michael A. Lewis

호세 마추카
Jose A.D. Machuca

요약 | 공급망 통제를 통한 이윤 창출

화물을 트럭의 반만 채운 채 유럽 대륙을 횡단시켜 보낼까, 일주일에 두 차례씩 일본으로 외투를 보내기 위해 항공화물 요금을 지급할까, 매장에 있는 물건들 가운데 팔리지 않은 채 2주일이 지난 것들은 치워버릴까, 주간 근무조만으로 공장을 가동할까? 이것이 효율적인 공급망을 운영하는 방법일까?

스페인 의류 회사인 자라는 이 질문에 긍정적인 대답을 한다. 이것들 중 어느 하나가 그 자체로서 특별히 효과적이기 때문이라는 뜻은 아니다. 오히려 이것들은 공급망 전체를 최적화하는 공급망 관리에 대한 전체론적 접근방법에서 파생되었다.

아웃소싱을 선택한 수많은 동료 업자들과는 달리, 자라는 생산량의 절반 정도를 자체 공장에서 생산하고 있다. 자라는 산출량을 최대화하라고 공장들에 압박을 가하기는커녕 잉여생산 능력을 만들기 위해 자금을 투입한다. 자라는 규모의 경제를 추구하기보다는 다수의 제품을 소량생산하여 분배하고, 디자인과 보관, 분배 및 배송 기능을 외부의 파트너들에 의존하지 않고 모두 자체적으로 관리한다. 그 결과 자라의 비즈니스 모델에 절묘하게 들어맞는, 엄청나게 빨리 반응하는 공급망이 만들어졌다. 자라는 새로운 의상을 불과 15일 이내에 디자인하고 생산하여 전 세계 600여 매장에 배달할 수 있다. 그래서 자라의 매장에서 고객들은 항상 새로운 제품, 그러나 수량이 한정된 제품을 찾아낼 수 있다. 고객들은, "이 초록색 셔츠가 내게 맞는데 진열대에는 하나밖에 없네. 지금 사지 않으면 살 수 있는 기회를 놓치게 될 거야"라고 생각한다. 그런 절박감은 어려운 경제 여건에서도 고율의 이익 마진과 매년 20%씩 착실하게 성장하는 결과로 나타났다.

자라의 특수한 관행들 가운데 일부는 제품의 수명주기가 아주 짧은 산업에만 적용될 수 있는지도 모른다. 그러나 철저한 공급망 통제를 통한 빠듯한 이익 창출이라는 자라의 단순한 철학은 어느 산업에든 적용될 수 있다.

공급망 통제를 통한 이윤 창출

자라의 세 가지 원칙

1975년 독일의 한 도매상이 대량으로 주문한 란제리 구매를 취소했을 때, 아만시오 오르테가(Amancio Ortega)는 자신이 경영하는 신생 의류회사가 파산하게 되리라고 생각했다. 주문품을 만들기 위해 모든 자금을 투입했기 때문이다. 그것을 사줄 다른 구매자는 없었다. 절망감에 젖은 그는 스페인의 맨 북서쪽 구석에 위치한 라코루냐에 있는 공장 근처에 자라(Zara)라는 이름의 매장을 열고 직접 란제리들을 팔았다.

오늘날, 50여 국가에 산재하는 650개 이상의 자라 매장들이 명품 쇼핑구역을 드나드는 잘 차려입은 고객들을 사로잡고 있으며, 오르테가는 스페인 제일의 부자다. 그가 설립한 인디텍스(Inditex)라는 의류회사는 최초의 자라 매장을 개점한 이후 성장을 거듭해왔다. 1991년부터 2003년까지, 인디텍스의 매출(70%가 자라를 통해 이룬)은 3억 6700만 유로에서 46억 유로로 12배 이상 성장했고, 순이익은 3100만 유로에서 4억 4700만 유로로 14배나 뛰어올랐다. 최초로 주식을 상장하기가 특히 어려웠던 시기인 2001년 5월에 인디텍스는 주식의 25%를 23억 유로에 공모, 주식시장에 상장했다. 지난 3년 동안 많은 경쟁자들의 재무 성과가 좋지 않았음에도 불구하고 자라의 매출과 순이익은 매년 20%가 넘는 고도의 성장을 계속했다.

초기에 겪었던 불안감에서 오르테가가 배운 교훈은, 성공하기 위해서는 "다섯 손가락은 공장에, 다섯 손가락은 고객에게 닿아 있어야 한다"라는 것이었다. 이를 해석하자면, 고객이 구매할 때까지 제품에 생길 수 있는 문제를 제어하라는 뜻이다. 이런 철학을 고수하기 위해 자라는 초고속 반응 공급망을 발전시켰다. 자라는 단지 15일 이내에 새로운 의상을 디자인, 생산, 배달하여 전 세계에 산재한 매장에 진열할 수 있다. 디자이너들이 다음 시즌을 대비한 계획을 세우느라 거의 몇 달씩을 소요하는 패션 비즈니스에서 이런 속도는 전례가 없던 일이다.

자라는 다양한 최신 디자인들을 재빨리 그리고 한정된 수량만 공급할 수 있기 때문에, 산업 전체의 평균 도매가가 60~70%인 데 반해 자라는 의류소매점의 가격표에 적힌 가격의 85%를 수금한다. 그 결과 경쟁자들보다 높은 매출순이익률을 달성한다. 예를 들면 2001년 인디텍스의 순이익률은 10.5%였는 데 반해, 베네통(Benetton)은 겨우 7%였고, H&M은 9.5%, 갭(Gap)은 거의 영(0)이었다.

자라는 공급망 운영 방법에 관해 현재 통용되고 있는 관습적인 사고방식을 대부분 무시한다. 실제로 자라의 관행들 가운데 일부를 살펴보면, 도저히 이해할 수 없는 정도는 아니지만 의구심을 가질 만하다. 소매점용 의류를 만드는 동료업자들 가운데 많은 사람들이 재빨리 아웃소싱으로 옮겨갔음에도 불구하고, 자라는 생산량의 절반 정도를 자사의 공장에서 생산하고 있다.

자라는 산출량을 극대화하라고 공장들을 압박하기는커녕 잉여생산 능력을 의도적으로 남겨둔다. 자라는 규모의 경제를 추구하지 않고 다수의 제품을 소량으로 제조하여 분배하고, 디자인과 보관, 분배 및 배송 기능 모두를 외부 파트너들에 의존하지 않고 자체적으로 관리한다. 일상적인 운영 절차의 상당 부분도 일반적인 표준과는 다르다. 자라 소매점들은 주문하고 물품을 인수하는 시간을 엄격하게 지킨다. 자라 본사에서 각 제품에 미리 가격표를 붙여서 발송하기 때문에 개별 매장에서는 가격표 부착 작업을 할 필요가 없다. 이로 인해 매장에는 비어 있는 공간들이 많다. 그리고 때때로 제품이 품절되는 것을 묵인하며 심지어 권장하기도 한다.

지난 3년 동안, 우리는 자라가 고속 공급망을 설계·관리하는 방법을 알아내려고 노력했다. 인디텍스 상위관리자들과 일련의 인터뷰를 실시했고, 회사의 서류들과 다른 광범위한 자료들도 조사했다. 혹시 자라가 최초로 시도한 어떤 혁신적 방안들이 있는지 특히 관심을 갖고 살펴보았다. 하지만 그런 것은 한 가지도 찾아내지 못했다. 그 대신 다음과 같은 세 가지 원칙에 따라 구축된 자체 보강 시스템을 찾아냈다.

커뮤니케이션 루프를 폐쇄하라

자라의 공급망들은 고정적으로 수집하는 하드 데이터와 그날그날 일어나는 일들에 관한 정보를 소매점 주인들로부터 디자이너와 생산직 스태프들에게 빠르고 수월하게 전달할 수 있도록 조직되어 있다. 그리고 매장에 진열되어 있는 재고를 포함한 모든 제품과 원자재의 흐름을 생산에서 배송에 이르기까지의 단계별로 실시간 추적할 수 있는 시스템을 갖추고 있다. 목표는 최종소비자와 디자인, 원자재 조달, 생산, 분배 등의 상류 부문 작업들 사이의 정보 루프를 가능한 한 신속하게 직접 통제하는 것이다.

리듬을 엄수하라

자라에서는 신속한 타이밍과 동시성(同時性)이 최대 과제이다. 이를 위해 "많은 돈을 벌기 위해 푼돈을 아끼지 마라"는 말로 가장 잘 특징지을 수 있는 접근 방법을 과감히 시행하고 있다. 공급망이 전체로서 움직이는 속도와 반응도를 증가하고 강화하는 데 도움이 되는 일이라면 무엇이든 투자한다.

자산을 수단으로 활용하라

자라는 생산과 분배 설비에 막대한 자본 투자를 실시해서 그것들을 새롭고 변동이 심한 수요에 대한 공급사의 반응도를 높이기 위해 활용한다. 까다로운 제품은 자체 시설에서 생산하고 단순한 것들은 아웃소싱한다.

자라가 반응성이 높은 시스템을 개발하기까지 여러 해가 걸렸지만, 여러분 회사는 공급망의 속도를 높이기 위해 십여 년을 허비할 필요는 없다. 그 대신, 자라가 만들어놓은 각본의 한 페이지를 빌려서 볼 수 있다. 자라의 관행들 가운데 몇몇은 하이테크 산업이나 제품의 수명주기가 매우 짧은 산업에서만 적용될 수도 있을 것이다. 그러나 철저한 공급망 통제를 통하여 이윤을 창출한다는 오르테가의 단순한 철학은 제지산업에서 알루미늄 제품, 나아가 의료기구에 이르기까지 어떤 산업에든 적용할 수 있다. 자라는 관리자들이 비현실적인 소비자 수요를 조절하는 방법뿐만 아니라, 일시적으로 유행하는 관리 방식과 계속 변하고 있는 산업적 관행들에 저항하는 방법도 가르쳐준다.

커뮤니케이션 루프를 폐쇄하라

자라의 매장에서는 고객들이 항상 새로운 제품을 볼 수 있지만 공급되는 수량은 한정적이다. 매장들(평균적인 크기는 약 1000세제곱미터)에 빈 공간이 많아도 소수의 품목만 진열하기 때문에 그곳에서는 사람들이 안달하는 느낌을 갖게 된다. 고객은 이런 생각을 한다. "이 초록색 셔츠가 내게 맞는데 진열대에는 하나밖에 없네. 지금 사지 않으면 살 수 있는 기회를 놓치게 될 거야."

이러한 소매 콘셉트는 소량의 새로운 상품을 규칙적으로 만들고 신속하게 보충함으로써 유지된다. 자라의 디자이너들은 한 해 동안 대략 4만 가지에 이르는 새로운 디자인을 만들고, 그 가운데 1만 가지 디자인이 선정되어 생산된다. 그 가운데 일부는 유명 디자이너가 가장 최근에 만든 것들과 유사하다. 하지만 자라는 종종 최신 유행 제품을 만드는 사람들을 앞질러 거의 같은 제품들을 덜 비싼 옷감으로 만들어 훨씬 싼 가격으로 판매한다. 대부분의 의류들은 5~6가지 색상에 5~7가지 사이즈로 출시되기 때문에 자라의 시스템은 매년 평균적으로 30만 가지 정도의 새로운 재고 유지 단위를 처리해야 한다.

고객들로부터 매장 관리자들에게로, 매장 관리자들로부터 판매 전문가들과 디자이너들에게로, 디자이너들로부터 생산 스태프에게로, 구매자로부터 도급업자들에게로, 창고 관리자들로부터 유통업자들에게로 등등 자라의 공급망 각 부분을 망라해 부단한 정보 교환이 이루어져야 이 '신속 패션(fast fashion)' 시스템이 유지된다.

대부분의 회사들은 각 부서 사이의 의사소통을 어렵게 만들 수 있는 관료적인 번잡한 절차들을 끼워넣는다. 그러나 자라는 조직, 운영 절차들,

실적 측정 방법, 심지어는 사무실 배치까지도 모두 정보 전달을 용이하게 만들도록 설계되어 있다.

하나의 집중화된 자라의 디자인 및 생산센터는 라코루냐에 있는 인디텍스 본사 건물에 붙어 있다. 이 센터는 3개의 널따란 홀들로 이루어져 있는데 여성용 의류, 남성용 의류, 아동복 의류 라인들에 배정되어 있다. 원가를 절감하기 위해 노동력을 중복해서 사용하는 대부분의 회사들과는 달리, 자라는 이 3개 라인이 독립적이면서 조업상으로도 분명히 구분된 제품 그룹으로 운영된다. 따라서 따로 분리된 디자인, 판매, 조달 및 생산 기획 스태프들이 각각의 의류 라인을 위해 온 힘을 쏟고 있다.

한 매장이 일주일 동안 라코루냐에 있는 각 채널의 시장 전문가들로부터 걸려온 각기 다른 3통의 전화를 받을 수도 있다. 셔츠를 만드는 한 공장이 남성용 셔츠와 아동용 셔츠를 각기 담당하는 두 사람의 관리자를 동시에 상대할 수도 있다. 3개의 상이한 채널을 운영하는 것은 비용이 더 소요되지만 각 채널에 필요한 정보의 흐름이 빠르고 직접적이며 다른 채널들에서 생긴 문제들로 인해 방해를 받지 않으므로 전체적인 공급망이 보다 빠르게 반응한다.

각각의 홀은 스페인의 시골 풍경을 내다볼 수 있도록 바닥에서 천장까지가 유리창으로 되어 있으며, 격식을 차리지 않고 개방적이라는 기분을 한층 북돋운다. 디자인 스태프들을 격리시켜놓는 회사들과는 달리, 200여 명에 이르는 디자이너들은 생산 공정의 한가운데 자리 잡고 있다. 3개의 라인에 분산되어 앉아 있는, 대부분이 20대인 디자이너들은 시장 전문가들과 조달 및 생산 기획자들 곁에서 일한다. 자라는 디자이너를 뽑을 때 이미 명성을 얻은 사람보다는 열정과 재능을 가진 사람 위주로 채용한다.

실내에는 즉흥적인 회의용 테이블로 사용되는 커다란 원탁이 놓여 있고, 최근에 발행된 패션 잡지들과 카탈로그를 꽂은 책장들이 벽을 따라 늘어서 있다. 각 홀의 구석에는 자그마한 시작품 전시실이 있어서, 새로운 의상이 완성되면 그곳에 놓아두고 여러 사람들의 의견을 듣는다.

3개 라인의 물리적·조직적 근접성은 디자인 과정의 속도와 질적 수준을 향상시킨다. 디자이너들은 최초의 스케치를 동료들과 함께 신속하게 비공식적으로 점검할 수 있다. 매장 관리자들과 항상 접촉하고 있는 (많은 사람들이 매장 관리자 출신인) 시장 전문가들은 새로운 디자인의 겉모양, 예를 들어 스타일, 색상, 옷감 등등에 관한 재빠른 피드백을 제공하고 가능한 시장 가격 한계점을 제시한다.

조달 및 생산 기획자들은 제조 원가와 가용 생산 능력에 관한 예비적이지만 결정적인 예측을 한다. 필요할 경우에는 두세 시간 안에 여러 직능의 사람들이 모여 만들어진 팀들이 홀에 전시된 시작품을 검사하고, 디자인을 선택하고, 생산과 출시에 필요한 자원들을 수배할 수 있다.

자라는 이런 비공식적인 정보 교환을 원활하게 만들기 위해 최신 IT 도구들을 원용하는 방법에 관해 매우 조심스럽게 접근한다. 주문 생산된 핸드헬드(handheld) 컴퓨터들이 소매점들과 라코루냐 사이의 의사소통을 원활하게 해준다. 이런 PDA들은 매장 관리자들과 그들을 담당하는 시장 전문가들 사이의 정기적(종종 1주 단위)인 전화 통화를 증대시킨다. PDA와 전화 통화를 통해 매장들은 주문과 판매 추세 같은 하드 데이터 및 새로운 스타일에 대한 고객의 반응과 '소문' 같은 소프트 데이터 등 모든 종류의 정보를 라코루냐로 전송한다. 어느 회사나 PDA를 의사소통에 사용할 수 있지만, 자라의 탄탄한 조직은 중요한 대화들이 관료적인 조직에서 생기기 쉬운 틈새로 빠져들어가는 것을 막아준다.

팀이 일단 생산할 시작품을 선정하면 디자이너들이 CAD 시스템으로 색상과 옷감의 재질을 수정한다. 그 품목을 자라의 공장들 가운데 한 곳에서 생산할 예정이라면, 디자이너들은 제품 시방서를 그 공장에 있는 해당 재단기와 여타의 시스템으로 직접 전송한다. 재단된 옷감 조각들이 (대개 도급업자가 맡아 하는 재봉 작업을 포함한) 생산과 분배, 매장(커뮤니케이션 순환이 시작되었던)으로의 배송에 이르기까지의 다양한 단계를 거치면서 완성되어가는 과정은 바코드에 의해 추적된다.

최신 데이터들의 부단한 흐름은, 사소한 장애도 확대 해석하려는 공급망들 및 모든 개방 루프 정보 시스템들이 흔히 갖는, 소위 채찍 효과(하부의 고객 주문 정보가 상부로 전달되면서 정보가 왜곡되고 확대되는 현상-옮긴이)를 완화시킨다. 예를 들면 소매점이 주문 내용을 약간만 바꿔도 도매상과 유통업자를 거쳐 전송되면 제조요청서의 광범위한 변경을 야기할 수 있다. 의류산업의 경우 일단 시즌이 시작된 이후에는 통상 소매상들에 최대한 20%까지의 주문량 변경을 허용하는데, 자라는 40~50%까지 변경할 수 있도록 허용한다. 이렇게 함으로써 의류산업에 만연한 과잉 생산과 세일 및 할인 행위를 방지한다.

새로운 제품을 소량으로 끊임없이 출시하는 행위는 어느 특정 제품의 재고 품절과 연관된 통상적인 비용을 절감시키고, 재고 품절로 인하여 생기는 이득까지 가져다준다. 물건을 사는 고객들은 골라잡을 수 있는 새로운 제품들을 항상 볼 수 있기 때문에, 진열대가 비어 있다고 다른 상점으로 가버리지는 않는다. 사람들은 종종 마음에 드는 물건을 남보다 먼저 낚아챌 때 행복감을 느끼기 때문에, 한 품목에서의 재고 품절이 다른 품목을 파는 일에 도움을 준다. 실제로 자라는 2~3주 동안 팔리지 않은 품목은 치워버리는 비공식적인 방침을 갖고 있다. 이런 관행이 일반적인 소매점에는 많은 비용을 부담시키지만, 자라의 소매점들은 소량으로 배송된 제품을 받고 재고량도 적게 유지하기 때문에 위험 부담이 적다.

소매점에서 팔리지 않은 제품의 재고 비율은 의류산업 평균 17~20%인데 자라는 10% 이하이다. 더구나 한정된 수량이 진열되어 있으므로 구매할 수 있는 기회가 많지 않을 듯싶은 새로운 상품들은, 사람들이 타회사 매장에 가는 횟수보다 훨씬 더 자주 자라의 매장을 찾도록 자극한다. 예를 들면 센트럴 런던 지역에 살고 있는 소비자들은 연간 4차례쯤 타회사 의류 매장을 찾지만 자라의 매장에는 연간 평균 17차례나 들른다. 사람들이 이처럼 자주 매장을 드나들기 때문에 광고의 필요성도 줄어들어, 경쟁자들이 매출액의 3~4%를 광고비로 쓰는 데 비해 자라는 그보다 훨씬 적은 0.3%를 쓴다.

리듬을 엄수하라

자라가 자사의 공급망에 행사하는 통제력의 강도는 경쟁사들보다 훨씬 적다. 자라는 모든 제품을 직접 디자인하고 분배하며, 생산 과정에서는 동종 업자들보다 훨씬 적은 부분들을 아웃소싱하고 거의 모든 소매점들을 소유하거나 직영한다. 엄정한 공급망 관리의 선구자로 오랫동안 그 이름이 알려졌던 베네통조차도 자라만큼 관리하지는 못한다. 대부분의 베네통 매장들은 프랜차이즈(총판계약점)들이어서 소매점의 재고를 마음대로 조정하기 어려울 뿐만 아니라 공급망에서 가장 중요하며 마지막 단계인 고객들에게 직접 접근하기 힘들다.

이런 수준의 통제를 통해 자라는 제품과 정보가 흘러가는 속도를 결정할 수 있게 된다. 토요타가 조립 라인에서 쓰는 '탁트 타임(takt time, 탁트는 리듬 또는 미터를 의미하는 독일어인데, 토요타에서는 탁트 타임을 고객이 제품을 구매하는 속도를 일컬을 때 사용한다 – 옮긴이)' 또는 델컴퓨터가 조달, 생산, 분배 시스템에 쓰는 '재고 속도'와 유사한, 빠르면서도 예상 가능한 리듬으로 전체 공급망으로 옮겨간다. 세심하게 전체 공급망의 속도를 조정함으로써, 자라는 한 단계를 서둘러 마친 뒤 다음 단계를 시작하기 위해 한참을 기다려야 하는 문제를 미연에 방지한다.

정확한 리듬은 소매점에서 시작된다. 매장 관리자들은 일주일에 두 차례씩 주문하는데, 스페인과 남유럽은 수요일 오후 3시까지와 토요일 오후 6시까지, 그리고 전 세계의 여타 지역은 화요일 오후 3시까지와 금요일 오후 6시까지 주문한다. 이런 마감 시한은 철저하게 지켜진다. 가령 바르셀로나에 있는 매장이 수요일의 시한을 넘겼다면 토요일까지 기다려야 한다.

주문 이행도 똑같이 엄격한 리듬을 따른다. 라코루냐에 있는 중앙 창고는 대개 야간에 각 매장으로 제품을 보낼 준비를 한다. 트럭에 적재된 상자들과 옷걸이들은 인근 공항으로 신속하게 보내지거나 육로를 통해 유럽의 각 매장에 직접 배달된다. 소매점들의 주 2회 주문에 맞추기 위해 모든 트럭과 연결 화물 항공기들은 마치 버스가 운행되듯이 사전에 정해진 스케줄대로 운행된다. 화물들은 대부분의 유럽 매장에는 24시간 이내에, 미국의 매장에는 48시간 이내에, 일본의 매장에는 72시간 이내에 배달되기 때문에 매장 관리자들은 화물이 도착하는 시간을 정확히 알고 있다.

트럭들이 매장에 도착하면 신속한 리듬이 계속된다. 모든 품목들의 가격이 미리 정해져 가격표가 붙어 있고, 또 대부분의 제품들은 옷걸이에 걸린 채 배달되기 때문에 매장 관리자들은 제품들이 배달되자마자 다림

질하지 않고 곧바로 진열할 수 있다. 배송된 물품은 98.9%의 정확도를 보이고 수축률은 0.5% 미만이기 때문에 이 단계에서 통제의 필요성은 극히 미미하다. 그리고 정기적으로 매장을 찾는 고객들은 새로운 제품들의 도착 시기를 정확히 알고 있기 때문에 그런 날에는 더 자주 매장에 들른다.

이런 부단하고 투명한 리듬은 자라의 공급망에서 일하는 모든 사람들을 정렬시킨다. 이 리듬은 전체 시스템의 반응력이 떨어지지 않도록 사전에 예방하는 일이 임무인 관리자들의 일상적인 의사결정을 이끈다. 보다 많은 수량을 한꺼번에 만드는 것이 원가를 절감시키지만, 이 리듬은 소량생산에 더욱 힘을 실어준다. 또한 덜 빈번한 제품 발송이 유통 비용을 절감하지만, 이 리듬은 매주 2회 선적이라는 회사의 제품 배달 방침을 유효하게 만든다. 선박과 기차를 이용하는 것이 수송비를 낮추겠지만, 이 리듬이 항공기와 트럭을 이용한 제품 수송을 정당화시켜준다. 의복을 접어서 상자 안에 넣는 것이 항공기와 트럭의 운임을 줄이지만, 이 리듬은 일부 의복을 옷걸이에 걸어서 선적하는 일의 이론적 근거를 마련해준다.

이러한 반직관적인 관행들이 좋은 결실을 맺는다. 엄격한 리듬을 유지함으로써, 자라는 훨씬 적은 재고(베네통, H&M, 갭의 경우 매출량의 14~15%가 재고인 데 비해 자라는 약 10%이다)를 유지할 수 있고 더 높은 매출 마진 유지와 수익의 성장을 기대할 수 있다.

자산을 수단으로 활용하라

제품의 수명주기가 짧아 변동이 심한 시장에서는 보다 적은 자산을 보유하는 게 더 좋다는 것이 수많은 상위관리자들과 주식 분석가들, 경영 권위자들이 공통으로 갖고 있는 생각이다. 그런데 자라는 이런 논리를 뒤엎었다. 자라는 자사 제품의 절반가량을 자체의 공장에서 생산한다. 인디텍스 계열 회사인 콤디텔(Comditel)에서 필요한 직물의 40%(콤디텔의 총매출액의 약 90%)를 구매하며, 염료는 또 다른 인디텍스 계열 회사에서 사들인다.

이렇게 많은 수직적 결합은 분명 이 업계에서는 한물간 방식이다. 예를 들어 갭과 H&M 같은 경쟁사들은 자체 생산 시설을 갖고 있지 않다. 그러나 자산에 투자하는 것이 조직의 전반적인 유연성을 실질적으로 증가시킬 수 있다고 자라의 관리자들은 생각한다. 상위관리자들의 주장에 따르면, 생산용 자산을 소유함으로써 회사가 전적으로 외부의, 특히 지구 반대편에 위치하고 있는 공급사들에 의존하였다면 도저히 달성할 수 없는 일정과 생산 능력에 대한 통제를 상당 수준 유지할 수 있다고 한다.

정평이 나 있는 색상의 스웨터 같은 보다 단순한 제품들은 유럽과 북아프리카, 아시아 등지에 있는 공급사들로부터 아웃소싱된다. 그러나 새로운 시즌에 유행할 색상의 여성복처럼 보다 제조 과정이 복잡한 제품들은 계속해서 자사의 공장들(그 가운데 18개 군데 공장은 라코루냐에, 2개는 바르셀로나에, 1개는 리투아니아에 있고, 다른 나라에도 몇 개의 합작회사들이 있다)에서 생산한다. 그리고 한 가지 의류를 자사의 공장에서 생산할 때에는, 재봉 작업처럼 생산 과정이 단순하면서도 노동집약적인 공정 단계는 그 지역 업자들에게 하청을 준다. 하청업자들은 수십 명의 직원들이 일하는 자그마한 작업장을 가지고 있으므로 자라가 가장 주요한 고객이다.

자라의 공장들 가운데 상당수는 대개 교대 근무를 하지 않기 때문에 특수한 의류 생산량을 신속하고 편리하게 늘리거나 줄일 수 있다. 고도로 자동화된 이런 공장들은 계절적인 또는 예상치 못한 수요에 맞추기 위해 필요할 경우에는 초과 시간 근무를 통해 조업할 수 있다. 의류 형태별로 전문화된 자라의 공장들은 토요타와 공동으로 개발한 정교한 JIT(Just in time, 적기공급생산) 시스템을 사용함으로써 공정을 조절하고 혁신을 추구할 수 있게 되었다. 예를 들면 베네통과 마찬가지로, 자라는 속도와 유연성을 더 확보하기 위해 '유예'라는 방식을 사용하는데, 이는 시즌 중간에 발생하는 색상 변경 요구에 보다 빠르게 대응할 수 있도록 옷감의 50% 이상을 염색하지 않은 상태로 구매하는 방식이다.

모든 완제품들은 라코루냐에 있는 연건평 50만 제곱미터의 5층짜리 배송센터로 보내어지며, 그곳에서는 일주일에 대략 250만 품목의 의류를 적하한다. 배송센터의 바닥 면적과 배치, 장비 같은 자원들의 배분에 자라는 공장들에 적용하는 것과 똑같은 논리를 적용한다. 예를 들면 의류를 옷걸이에 걸어서 보관하고 배송하려면 여분의 창고 면적과 정교한 의류 취급 장비가 필요하다. 작업 시간은 매주의 주문 리듬을 따른다. 즉 정상적인 주라면 이 시설을 나흘 동안은 24시간 내내 가동하고 나머지 사흘 동안은 한두 차례만 작업한다. 보통 주문을 처리하기 위해 하루에 8시간 동안 800명이 근무한다. 그러나 성수기에는 발주에서 배달까지의 시간을 유지하기 위해 400명 정도의 임시직원을 채용한다.

이 배송센터의 처리 능력이 연중 대부분의 기간 동안 남아도는데도 불구하고 자라는 2003년 10월 마드리드의 북동쪽에 있는 사라고사에 1억 유로를 투입해 연건평 12만 제곱미터에 달하는 배송센터를 열었다. 자라가 시설 능력을 이처럼 넉넉하게 갖추는 이유가 뭘까? 시설 능력은 여유가 없는데 수요 변동이 심할 때에는 대기 시간이 기하급수적으로 급증한다는 대기 행렬 모델의 근본적인 규칙을 자라의 상위관리자들은 신봉한

그림 3-1 신속한 반응을 위해 잉여생산 능력을 보유하라

자라의 상위관리자들은 시설 능력 활용도, 수요 변동성과 반응성 사이의 비선형적 관계를 직관적으로 이해하고 있는 듯하다. 이 관계는 시설 능력 활용도가 낮은 수준으로부터 증대하기 시작하면 대기 시간이 점차적으로 증가함을 설명해주는 '대기 행렬 이론'에 의해 잘 증명된다. 그러나 어떤 점에서는, 시스템이 가용 능력을 더 많이 사용하면 대기 시간이 가속도로 급증한다. 수요가 더욱더 많이 변동하면, 이런 가속화 현상은 더 낮은 곳에서 시작되고 시설 능력 활용도의 수준을 낮춘다.

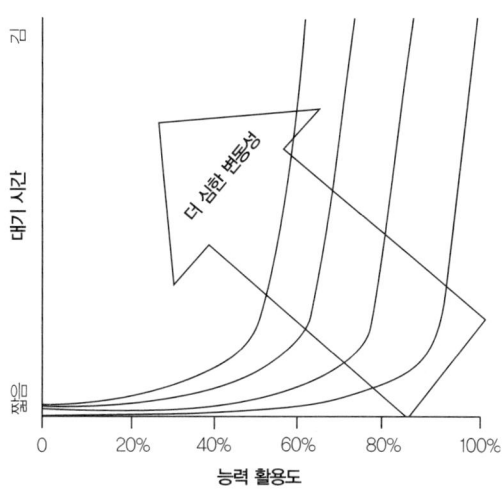

다(그림 3-1 '신속한 반응을 위해 잉여생산 능력을 보유하라' 참조). 공장들과 배송센터들의 낮은 시설 활용도를 너그럽게 인정함으로써 자라는 절정으로 치닫거나 예기치 못한 수요 경쟁자들보다 빨리 대처할 수 있다.

놀랍게도 이러한 관행들이 투자에 사용된 돈을 헛되게 만들지는 않는다. 공장들과 배송센터들의 반응성 덕분에 자라는 운전자본을 엄청나게 감소시켰다. 생산을 끝내고서 불과 며칠 안에 그 제품을 팔 수 있으므로 운전자본을 전혀 갖지 않고도 운영할 수 있는 정도이다. 따라서 운전자본이 불필요하게 되어 생긴 현금이 여분의 시설 능력 투자 부담을 상쇄시키는 데 도움을 주었다.

원칙 보강하기

앞에서 기술한 세 가지 원칙들, 다시 말해서 커뮤니케이션 루프를 폐쇄하라, 리듬을 엄수하라, 자산을 수단으로 활용하라 중 어느 하나도 특히 새롭거나 급진적이지 않다. 각각의 원칙 하나만으로도 회사 공급망의 반응성을 향상시킬 수 있다. 그러나 이 원칙들은 서로서로를 보강하기 때문에 함께 적용하면 강력한 힘을 만들어낸다.

회사가 공급망을 관리하는 사람들 사이에 직접적이고, 빠르고 활발한 의사소통이 가능하도록 조직되어 있다면 보다 쉽게 확고한 리듬을 결정할 수 있다. 반대로 공급망을 통한 정보와 재화의 움직임이 엄격한 스케줄을 따른다면 각각 다른 단계에서 일하는 사람들이 서로 의사소통하는 일이 더 쉬워진다. 그리고 회사가 반응성에 초점을 맞춘 자산을 보유하고 있을 때에는 이 리듬을 유지하는 일이 더 수월해진다. 오랜 세월 동안 충실하게 적용된 이 원칙들은 일상적인 활동에서 흐트러진 것들을 한데 모아 제대로 움직이도록 만들었다.

자라가 거둔 성공의 이면에 가장 깊이 숨어 있는 비밀은 어쩌면 각각의 단계보다는 공급망 전체를 최적화하는 환경을 유지할 수 있었던 능력인지도 모른다. 이런 접근방법이 지닌 숨은 의미를 완전히 파악하는 것은 대단한 도전이다. 짐을 반밖에 싣지 않은 트럭이 유럽 대륙을 횡단하게 만들거나, 옷걸이에 걸린 외투를 일주일에 두 차례씩 항공편으로 일본으로 보내거나, 교대 근무를 시키지 않으면서 공장을 가동하는 것을 생각해내는 관리자들은 극소수에 불과하다.

그러나 이것이 바로 자라의 상위관리자들이 칭찬 받아 마땅한 이유이다. 그들은 쉽사리 체념하지 않고 버티면서, 현장 관리자들로 하여금 전 세계에 걸친 반응성을 희생한 대가로 지역적인 효율성에만 초점을 맞추도록 만드는 실적 측정 방식 정립을 거부했다. 그들은 오르테가가 30년 전에 배운 세 가지 교훈을 다시 바꿀 수 없을 만큼 단단하게 조직 내에 심었다.

"한 손은 공장과 또 다른 한 손은 고객들과 접촉하라. 또한 한 손이 다른 손을 도울 수 있도록 만들기 위해 가능한 모든 일을 하라. 그리고 무슨 일을 하든지 간에 제품이 팔려나갈 때까지 그것에서 눈을 떼지 마라."

4

공급망 관리의 도전 과제

스콧 베스
Scott Beth

데이비드 버트
David N. Burt

윌리엄 코파시노
William Copacino

크리스 고팔
Chris Gopal

하우 리
Hau L. Lee

로버트 포터 린치
Robert Porter Lynch

샌드라 모리스
Sandra Morris

요약 | 공급망 관리의 도전 과제

공급망 관리는 모두 소프트웨어와 시스템에 관련된 것인가? 최고의 테크놀로지를 갖다놓고서는 뒤로 물러나 과정들이 원활하게 돌아가고 절감을 통해 얻은 이득이 굴러들어오는 것을 지켜보기만 해야 것일까? 분명 아니다. 『하버드 비즈니스 리뷰』가 공급망 관리 분야에서 선도적인 역할을 하고 있는 사상가들의 공개토론회를 열었을 때 테크놀로지는 최우선 고려사항이 아니었다. 인간과 관계들이 그날의 가장 두드러진 주제였다. 예를 들면 세계화로 형성된 기회와 문제들은 새로운 형태의 공급사와의 관계를 모색하도록 만들었다. 속도와 원가 억제라는 두 가지 상존하는 압력으로 말미암아, 고질적인 내부의 높은 장벽을 깨뜨리고 보다 효과적인 상호작용적 관계를 수립하는 일이 더욱 중요하게 되었다.

실패로 인한 손실이 오늘날처럼 컸던 적은 없었다. 앞서 가는 공급망 수행자들은 꾸물거리고 있는 사람들보다 훨씬 유리한 입장에서 새로운 테크놀로지와 새로운 혁신, 프로세스 사고를 적용하여 원가와 대고객 서비스, 자산 생산성, 이윤 창출과 같은 주식 가치에 영향을 미치는 모든 변수들에서 엄청난 성과를 거둬들이고 있다. 그리고 거의 모든 산업에서 앞선 사람들과 실패한 사람들 사이의 격차는 점점 더 커지고 있다.

이 글을 위해 인투잇(Intuit)의 스콧 베스와 인텔(Intel)의 샌드라 모리스, 유니시스(Unisys)의 크리스 고팔 같은 실무 종사자들을 포함해, 공급망 관리 분야에서 선도적 역할을 하는 다수의 사상가들과 행동가들이 모였다. 샌디에이고 대학의 데이비드 버트와 스탠퍼드 대학의 하우 리는 학교에서의 최신 연구 내용을 발표했고, 액센튜어(Accenture)의 윌리엄 코파시노와 워런(Warren Company)의 로버트 포터 린치는 컨설턴트로서의 전망을 제시했다. 이들은 현 상태의 공급망 관리에서의 전술과 전략을 파헤침으로써 역량 개발, 최고경영자의 역할, 최신 테크놀로지 같은 논제에 대해 광범위한 견해를 내놓았다.

공급망 관리의 도전 과제

효율적인 동맹 관계 구축

공급망 관리는 모두 소프트웨어와 시스템에 관련된 것인가? 최고의 테크놀로지를 갖다 놓고서는 뒤로 물러나 과정들이 원활하게 돌아가고 절감을 통해 얻은 이득이 굴러들어오는 것을 지켜보기만 해야 하는 것일까?

이 말이 진실이라면, 제프 베조스(Jeff Bezos)가 최고 연봉을 지급하며 그 분야 최고의 물류 전문가를 아마존에서 빼내가 월마트 사람들을 경악하게 만든 이유는 무엇일까? 공급망은 테크놀로지가 아니라 역량과 관계된 것처럼 보이는데, 시장이 점점 더 복잡해질수록 그런 현상은 더욱 강해진다. 하지만 어떻게 사람들을 함께 일하도록 만들 수 있을까?

그것은 쉽지 않다. 『하버드 비즈니스 리뷰』가 최근에 공급망 관리 분야에서 선도적인 역할을 하고 있는 사상가들의 공개토론회를 열었을 때, 인간과 관계들이 그날의 가장 두드러진 주제였다. 예를 들면 회사들 간에 효율적인 동맹 관계를 만드는 일은 매우 복잡하다. 구매 관리자는 대개 공급사들을 쥐어짜 최선의 가격으로 제품을 구매한 대가로 포상을 받는

데, 이것은 장기간에 걸쳐 존립하는 파트너십을 키우기에는 도움이 되지 않는 관행이다. 토론에 참여했던 한 패널리스트는 내부적 관계 관리가 더욱 어려울 수도 있다고 지적했다. 직능별로 뭉친 부문조직이 의사소통을 방해하고 효율을 떨어뜨린다는 사실을 다들 오래전부터 알고 있었지만, 여전히 그런 문제가 존재하고 있으며 많은 회사들이 문제 해결을 위해 분투 중이다.

『하버드 비즈니스 리뷰』의 수석편집인인 줄리아 커비가 진행한 공개토론회는 이런 문제들뿐만 아니라 역량 개발, 최고경영자의 역할 및 최신 테크놀로지 같은 공급망 관리에서 나타나는 여러 가지 장애들과 기회들을 탐색했다. 어려운 문제들을 해결한 몇몇 회사들은 성공을 거두며 전진하고 있으며, 공급망 선도자들과 평균적인 실적을 보인 회사들 사이의 격차는 계속 더 크게 벌어지고 있다. 다음 내용은 공개토론회에서의 대화록을 편집한 것이다.

공급망 관리의 우선순위

줄리아 커비: 나는 지난 몇 해 동안 다양한 이유들 때문에 공급망 관리에서의 우선순위들이 꽤 많이 바뀌었다는 의구심을 품고 있습니다. 경기 침체와 생산 능력의 과잉 상태가 발생했습니다. 테러와 전쟁도 있었고요. 그래서 "오늘날의 우선순위는 무엇인가?"라는 질문부터 시작하려고 합니다. 여러분의 초점이 바뀌었나요?

크리스 고팔: 몇 년 전의 상태와 많이 달라진 것은 안보 분야입니다. 정부는 특히 해외 사업을 하는 회사들에 대해 새로운 법규와 요건을 제

시해 규제했거나 규제하려고 준비 중에 있는데, 해당 회사들의 상당수가 이에 대비하지 못하고 있습니다. 경보용 종들을 꺼버린 화물들을 선적했다는 이유로, 이를 테면 캘리포니아 주 롱비치 같은 주요 항구에 억류되어 있는 한 선박에 관한 이야기들을 누구나 잘 알고 있습니다.

또 다른 현재의 우선순위는 적응적이고 반응적인 공급망 전략을 만들기 위해 우리에게 필요한 도구를 갖는 것입니다. 이것이 중요한 이유는 대부분의 공급망 전략들은 발표와 거의 동시에 쓸모없이 되어버리기 때문입니다. 적응적인 전략을 수립하는 일은 공급망을 모델화하고 시나리오를 기획하는 일에서 시작됩니다. 그렇게 함으로써 위험을 효과적으로 관리하고 시장에서의 변동과 불확실성에 잘 대처할 수 있게 되고 그 대가로 현금 흐름과 고객 보유수를 늘립니다. 그런 뒤, 일단 전략을 집행하면 실시간 정보로부터 얻은 패턴들과 추세들을 기초로 하여 그 일을 다시 할 수 있게 되어야 합니다. 회사들에는 이런 지속적인 혁신 도구가 필요한데 오늘날 그런 것이 하나도 없습니다.

샌드라 모리스: 인텔에 있어 세계화는 큰 변화였습니다. 우리의 고객 기반이 엄청나게 바뀌고 있습니다. 그저 고객들의 거주 지역에 국한되지 않고 그들의 실체와 조업 방식에 이르기까지의 변화입니다. 예를 들어 중국은 엄청난 잠재력을 갖고 있고 러시아와 인도 시장은 점점 커지고 있습니다. 그런 상황들이 다른 유형의 공급망 필요성을 제기합니다. 예를 들면 신흥 시장에서 PC를 조립하고 선적하는 회사들은 우리가 수십 년 동안 거래했던 전형적인 다국적 기업이 아니라 중소 소매상과 중소 유통업자들입니다. 그들의 니즈는 다릅니다.

윌리엄 코파시노: 지난 3년에서 5년 사이의 세월을 돌이켜보면, 많은 회

사들에서 주요한 문제로 떠올랐던 것은 부품의 고갈 상태가 아니었습니다. 오늘날 대부분의 산업들이 범세계적으로 현저한 생산 능력 과잉 상태를 겪고 있습니다. 그래서 관건이 되는 한 가지 문제는 공급사와의 계약, 공급사 결합, 입고 부품 관리를 포함한 공급기지 관리입니다. 기획에서 집행으로 초점이 옮겨가고 있다는 사실을 잘 알고 있지만, 내가 보기엔 공급과 수요를 맞추는 일에서 기획 쪽에 엄청난 기회가 있는 것 같습니다. 솔직히 말해 모든 주의력이 거래 행위 수준에 모아져 있기 때문에 인간의 존재는 간과되어버립니다. MES(Manufacturing Execution Systems, 제조 실행 시스템)와 WMS(Ware-House Management Systems, 창고 관리 시스템)처럼 기본으로 되돌아가는 현상이 나타나고 있습니다.

게다가 여러 가지 이유로 RFID(Radio Frequency Identification, 무선 주파 인식)에 관한 관심이 점점 커지고 있습니다. 칩과 판독·기록기의 원가가 급속히 떨어지고 있으므로 솔루션의 원가가 점점 더 경쟁력을 갖게 되어 생산 능력은 확장되고, 또 절도 방지와 보안 같은 분야에서의 수요도 늘어나고 있습니다.

스콧 베스: 원자재 테크놀로지와 제품 수명주기의 불일치도 큰 문제입니다. 가령 품절이 될 때까지 18~36개월 동안만 시장에서 구매할 수 있는 반도체 부품과 다른 재료들을 사용해서 10~15년 동안 쓸 수 있는 계기 운전 제품을 당신이 만들고 있다고 가정해봅시다. 이런 상황은 나에게 세 가지의 택일적 대안들을 던져줍니다. 첫째는, 그 부품의 13년간 공급량을 사서 보관해야 하는데 이건 많은 잉여 재고 보유를 의미합니다. 아니면 엔지니어들을 신제품 개발 업무에서 빼내어 시장에서 아직 유통되고 있는 제품들을 거두어들여 다시 만들게 하는 결정에 저의 미래를 담보할 수밖에 없게 되는 거죠. 그것도 아니라면, 특수하고

급속하게 낡아버리는 부품들을 보유하는 위험을 기꺼이 감수하는 사람들을 찾아내야겠지요.

원가 절감과 공급망 관리

줄리아 커비: "3년 전에는 공급망 관리에서 가장 중요한 것은 속도를 증가하는 것이었는데 지금 우리는 전적으로 원가 절감에 초점을 맞추고 있어요"라고 여러분이 말하는 걸 듣지 못해 놀랍기 그지없군요. 그런 일이 벌어지고 있지 않나요?

로버트 포터 린치: 어느 정도까지는 그것이 사실입니다. 내가 봐왔던 중에 가장 혼란스러운 추세는, 주식 시장 붕괴와 더불어, 판에 박은 듯한 반사적 반응으로 나타난 원가 절감이었습니다. 최고재무책임자가 공급책임자를 불러 이렇게 말하죠. "비용을 15% 줄이라고! 우린 주식 가격을 올려야 해." 그 말을 들으면 모든 공급망이 온갖 부정적인 방향으로 즉각적으로 효과를 나타냅니다. 사람들은 원가 절감이 그보다 훨씬 중요한 경쟁우위 확보라는 문제의 대안으로 떠오르는 것을 보기 시작합니다. 생존하기 위해 원가를 절감하지만 번영하기 위해서는 혁신하라는 것이 비즈니스에서의 한 가지 원칙이죠.

스콧 베스: 우린 원자재 원가를 줄이는 일에 믿을 수 없을 정도로 강한 압박을 받고 있습니다. 하지만 그런 압박감과 비례해서, 수많은 기본 부품 제조업자들이 사업을 그만둔 이런 불경기 동안에는 그러려고 하지 않는 공급사들과 거래하고자 하는 마음이 더 강합니다. 당신이 특수한 테크놀로지를 어느 한 공급사에 의존하고 있을 때, 그들이 다음 주에 공장 문을 걸어 잠글 예정이라고 말한다면 어떻게 하겠습니까?

어떻게 다른 공급사를 찾을 수 있으며, 실제로 그런 사태가 발생하기 전에 제품 공급 부족을 예상할 수 있을 정도로 그 공급사의 안전성을 무슨 수로 예견할 수 있을까요?

하우 리: 원가뿐만 아니라 속도 역시 중요합니다. 나와 동료들은 장기적으로 상당한 성공을 거둔 회사들에 관한 연구를 계속해오고 있습니다. 우리가 발견한 사실은 그 회사들이 그런 성공을 거둔 것은 그들이 원가나 유연성, 속도에 초점을 맞췄기 때문이 아니라 변화들, 즉 바뀌고 있는 시장 여건들, 발전되고 있는 테크놀로지, 한 제품이 수명주기를 다하는 사이에 발생하는 상이한 요구 같은 변화들을 관리할 수 있는 능력을 지녔기 때문이었습니다. 적응할 수 있는 회사들이야말로 장기적으로 생존하게 될 회사들입니다.

오늘날에는 회사들이 또 다른 형태의 변화를 다룰 수 있어야 하는데 그건 바로 위기관리입니다. 성공을 거둔 회사들은 위기를 이겨내어 시장점유율과 매출을 견지하였는데 그러다 보니 종종 직능적인 경계선을 넘나들며 효율적으로 일하게 된 것이죠. 스페인의 의류 회사인 자라를 예로 들어보겠습니다. 슬픔에 잠겨 애도의 나날을 보냈던 2001년 9월 11일 이후에, 이 회사는 디자이너들과 공급망 파트너들, 제조업자들을 한자리에 모았고 그로부터 2주가 지나기 전에 검정색을 주제로 한 새로운 의상 라인을 출시했습니다. 그 결과 그들은 엄청난 매출액 제고라는 결과를 얻었습니다. 그와 같은 회사들은 내가 '트리플 에이 공급망'이라고 부르는 것을 갖고 있습니다. 그들은 기민성과 적응력, 정렬을 지니고 있습니다. 일치단결하여 앞으로 나아가기 위해서는 직능 그룹들과 다수의 파트너들의 이해관계를 정렬시켜야 할 필요가 있습니다.

직능 조직의 장애물

줄리아 커비: 하지만 우리는 직능별로 뭉친 조직들이 대세임을 지난 15년 동안 보아왔습니다. 장애들이 모두 허물어지기 시작했나요?

하우 리: 나는 지금도 각각의 직능 조직들이 다른 직능 조직이 무엇을 하고 있는지 모른 채 일하는 큰 회사들을 많이 봅니다. 회사가 판촉 계획이나 특별 거래 협약 같은 것을 마련해두었음 직한데도 공급망에서 일하는 사람들은 그걸 모르죠. 반대로 공급망 관리자는 얼마나 많은 재고를 유지해야 할지 또는 얼마나 많은 생산능력을 투자를 통해 확보해야 할지에 관한 계획을 세우지만, 그걸 판매와 마케팅 부문에서 일하는 사람들과 공유하지는 않습니다. 그 결과, 실제로 공급망에서는 생산능력이 한계점으로 치닫고 있는데, 판매와 마케팅 부문 사람들은 하나의 특정 제품에 대해 특별 거래 협약을 실행하고 있는 상황을 회사가 맞닥뜨리게 되는 거죠.

이런 단절을 두드러지게 보여주는 사례는 많습니다. 1995년도에 상당수의 그린카(green car)를 생산했으나 판매할 수 없었던 볼보(Volvo)가 대표적입니다. 판매가 되지 않자 판매 및 마케팅 부문 사람들은 비밀리에 그린카에 대하여 엄청난 금액의 할인, 리베이트 및 특별 거래 협약을 딜러들에게 제공하기 시작했습니다. 그런 사실을 모르는 공급망 사람들은 그린카가 팔려나가는 것을 보자 다음해의 생산계획량을 2배로 늘려 잡았습니다. 그해 말 볼보는 엄청난 그린카 재고를 보유하게 되었음에도 불구하고 말이죠.

샌드라 모리스: 우린 아주 경험이 많은 프로그램 관리자들 5명으로 이루어진 직능 조직을 하나 만들었는데 그 사람들은 모든 직능들을 수평적

으로 볼 수 있는 사람들입니다. 그들은 경영자나 상위관리자들을 불러 모아, 생산 부문의 목표들 및 공급망의 목표들과 고객 목표들 사이에 감도는 긴장감에 관해 토론하도록 부추깁니다. 우리 회사에는 자기네 직능 조직에 푹 파묻혀 있는 사람들이 많습니다. 그들 역시 정말로 똑똑합니다. 그러니 아주 정례적으로 진행되는 회의에 참석해서 전략적인 주제들을 다루도록 그들을 불러 모으는 것 자체가 우리에겐 하나의 획기적인 일이었죠. 이건 아마 우리가 했던 최고의 투자 가운데 하나일 겁니다.

로터 포터 린치: 여기에 하나의 데이터 포인트가 있습니다. 나는 AAP(Association of Alliance Professionals, 결합전문가협회) 명예회장인데, 우린 작년에 전 세계에 걸쳐 전략적 결합 전문가들에 관련된 중요한 문제에 대한 조사를 실시했습니다. 우리 협회 회원은 800명입니다. 이들이 갖고 있는 첫 번째 관심사는 다른 회사와의 전략적 결합을 만들어내는 것이 아니라, 자기 회사 내에서 직능 조직 간의 내부적 결합을 만드는 것입니다. 몇 가지 이유 때문에, 결합 전문가들은 대개 자기 회사 안의 다른 부문과의 결합을 만들기보다 주된 경쟁자와의 결합을 만들기가 훨씬 수월하다는 사실을 발견했습니다. 우린 우리 자신의 내부적 결합을 다루지 않습니다. 우리가 내부적으로 결합할 수 없다면 무슨 수로 외부적으로 결합할 수 있을까요?

크리스 고팔: 멀리 1980년대로 되돌아가 보면, 당시 MRP(Manufacturing Resource Planning, 제조 자원 기획) 시스템이 실행되지 못했던 이유에 관한 연구들이 행해졌습니다. 주요한 이유들 가운데 하나가 나름대로의 계산을 갖고 있는 개별 부서들을 모아놓은 이 직능 조직이라는 개념이죠. 이걸 설명하기 위해 그들은 '맥주 게임(Beer Game)'이라는 게임을 들고

나왔습니다. 그 게임에서는 수요에서의 갑작스런 변동과 공급망들이 균형을 되찾도록 해줄 필요성의 여부를 모의실험합니다. 그런데 2003년인 지금 나는 여기에 앉아 '무엇이 이런 관계들을 성공하게 만드는가'라는 문제에 관해 정확하게 똑같은 문제 제기와 똑같은 의견을 듣고 있습니다. 도대체 뭐가 바뀌었죠? 우리가 여전히 똑같은 문제들을 다른 형태들로 다루고 있나요?

윌리엄 코파시노: 몇몇 회사들은 그렇지만 난 실적은 크게 두 갈래로 갈라졌다고 생각합니다. 거의 모든 산업에서 공급망은 훨씬 더 중요한 전략적이고 경쟁적인 변수가 되었습니다. 그것은 원가와 대고객 서비스, 자산 생산성, 수익 창출과 같은 주주가 추구하는 가치를 가늠하는 모든 요소들에 영향을 미칩니다. 게다가 선도적인 회사들과 평균적인 회사들 사이의 실적 격차는 점점 커지고 있습니다. 거의 모든 산업에서 최고의 회사들은 평균적인 회사들보다 훨씬 빠르게 더 좋아지고 있습니다. 1995~2001년에 있었던 사례를 들면 월마트는 재고회전율을 5.23에서 8.34로 향상시켰습니다. 이 회사와 가장 근접해 있는 경쟁자는 같은 기간에 4.01에서 5를 약간 상회하는 재고회전율로 개선했는데, 그 수치는 월마트가 시작했던 5.23보다도 낮은 것이었죠. 그리고 델컴퓨터는 64에서 100으로 향상된 재고회전율로 조업하고 있는데, 이것은 대부분의 경쟁자들보다 두세 배 높은 수치입니다. 그러니 분명한 사실은 실적의 격차가 점점 벌어지고 있다는 것이며 거의 모든 산업에서 이런 사태가 벌어지고 있다는 것입니다.

선도적인 공급망 실행자들은 막강한 경쟁우위를 차지할 생각을 하며 새로운 테크놀로지와 새로운 혁신, 새로운 과정을 적용하고 있습니다. 평균적인 실행 회사들과 느림보들은 따라잡기에는 너무나 기회가 한

정된 창틀 안에 갇혀 있는 꼴이죠.

공급망 관리 작업

줄리아 커비: 로버트는 내부적인 결합보다 외부적인 결합을 하기가 쉬운 회사들이 있다고 말했는데, 그런 외부적인 관계는 어떻게 진전되죠?

로버트 포터 린치: 내가 본 최고의 회사는 공급망 선별 작업을 합니다. 다시 말해 그들은 상품을 제공하는 공급자들을, 그들이 좋은 관계를 맺고 있는 우선적 공급자들과 결합을 만드는 전략적 공급자들로 구분하는 겁니다. 그들은 상이한 계량법과 상이한 과정들, 상이한 사람들, 상이한 사고방식들을 사용하는 아주 상이한 방식으로 그런 세 가지 상이한 요소들을 통해 공급 기지를 관리하죠.

스콧 베스: 내가 보기에는 인텔의 경우, 계약 제조업자가 그 범위 내의 어느 눈금에 해당되는지를 결정해야 한다고 생각합니다. 솔직히 말해, OEM 업자들과 계약 제조업자들 사이에는 애증 관계가 존재합니다. 사람들은 그들이 받는 가격 결정 방식을 믿지 않거나 처음엔 낮은 가격으로 출발했다가 야금야금 올리는 식의 미끼 상술 같은 것을 사용할 것이라고 의심하죠.

줄리아 커비: 데이비드, 당신은 이 신뢰에 관한 언급에 고개를 끄덕이는군요. 그 문제를 당신이 마음속으로부터 공감하고 있는 것 같은데, 혹시 덧붙이고 싶은 말이라도 있나요?

데이비드 버트: 신뢰는 기민성과 유연성의 기초입니다. 게다가 신뢰를 쌓

는 일은 믿을 수 없을 만큼 어려운 도전이며 또 그것을 유지하기는 더 어려울지도 모릅니다. 도전에 내재되어 있는 것은 구매자와 공급자 사이의 신뢰를 어떻게 제도화하느냐는 문제입니다. 신뢰는 개인들 사이에서만 형성될 수 있다고 주장하는 사람들도 있습니다. 로버트와 나를 포함한 소수의 사람들은 신뢰를 제도화할 수 있어야 한다고 말하죠. 결합의 토대를 만든 사람들이 떠나더라도 그 결합이 존속할 수 있도록 신뢰가 제 기능을 다하게 만들어야 합니다. 우린 10년 이상 샌디에이고 대학에서 이것을 찾고 있는데 아직 해답을 얻지 못했어요.

하지만 이건 중요합니다. 세상이 점점 복잡해지고 있어서, 내가 한 가지 상품을 파는 일은 4~5개 회사들의 입력이 필요한 솔루션을 파는 것과 마찬가지일 겁니다. 그들이 어떻게 서로 잘해나갈 수 있을까요? 공급자들이 서로 믿지 못한다면 고객들은 이중으로 손해를 입을 것입니다. 또한 신뢰는 신속하게 의사결정을 할 수 있도록 해주어서, 당신으로 하여금 보다 혁신적으로 변화되고 비생산적인 작업들을 제거할 수 있도록 만듭니다. 신뢰는 경쟁우위입니다.

스콧 베스: 신뢰가 바탕이 되지 않으면 효율성도 확보할 수 없게 되죠. 신뢰감이 부족하면, 회사들은 자체적인 조업과 아웃소싱을 맡은 파트너들의 조업에서 중복되는 행동들을 하게 됩니다. 어떤 활동을 아웃소싱하고서는, 정해진 일들이 행해지고 있는지 검증하려고, 바로 그 활동을 제대로 관리하기 위한 시스템들을 많이 유지하는 회사들이 너무나 많습니다.

하우 리: 신뢰를 구축하고 조화를 이룬 관계를 수립하는 방법이 내가 주장하는 트리플에이의 셋째 A인 정렬(alignment), 즉 모두가 어떤 공통된 가치와 목표들을 갖도록 다수의 당사자들의 이해관계를 정렬하는 것

입니다. 정렬의 좋은 본보기 하나가 새턴(Saturn)이죠. 새턴은 최종 고객들의 경험에 비추어서, 훌륭한 서비스를 제공하려면 새턴이 '소매상'이라고 부르는 딜러들에게 부품을 새로 보충해서 지원하는 일을 잘하는 것만으로는 충분하지 않으리라는 사실을 인지했습니다. 소매점 역시 적정 재고를 유지할 필요성을 느꼈습니다. 그러나 새턴은 소매상들이 반드시 재고 기획과 예측을 잘해야 되는 것은 아니라는 사실을 이해했습니다. 그래서 소매상들에게 재고 관리 업무를 자기네들에게 넘겨주기를 요구했고 그 대가로 그들의 위험을 공유하겠다고 제의했죠. 만약 품절되면 새턴이 밤 사이에 다른 소매점으로부터 그 부품을 가져다가 보충해줄 참이었죠. 새턴은 소매상들이 최종소비자인 그들의 고객들에게 얼마나 서비스를 잘하는지에 관해 심지어 자기네 직원들까지 평가했습니다.

그 결과, 고급 차종들과 경쟁함에도 불구하고, 새턴은 제이디파워(J. D. Power)가 발표하는 고객만족지수 순위에서 항상 3위 안에 들었습니다. 새턴의 소매상들도 우수한 재고 실적을 올렸습니다. 그 산업의 평균 재고 회전율이 2.5회인 데 비해 새턴 딜러의 경우 연간 7.5회입니다. 올바르게 정렬하면 모두가 이길 수 있습니다.

크리스 고팔: 나는 조금 다른 전망을 덧붙이고 싶습니다. 물론 신뢰는 필수적이죠. 하지만 신뢰 이전에 깔끔한 계약 체결이 이루어져야 합니다. 크게 놀랄 만한 일이 벌어지지 않은 채 오랫동안 어떤 일을 정렬된 상태로 함께 일하면 신뢰가 형성됩니다. 하지만 우선 시작 단계에서는 위험 관리(대체적 시나리오 입안)가 전략과 계약에서 명시될 수 있도록, 환경과 잠재적 위험을 알고 있는 공급망 사람들이 계약서를 만드는 사람들과 함께 일할 필요가 있습니다. 다음 단계는 계량 방법이죠. 벌칙과

장려책이 마련된 상태에서 위험을 고려하고 공통적인 계량 방법을 지니고 있어야 신뢰를 만들 수 있습니다. 그러면 시간이 지남에 따라 신뢰가 깊어집니다. 스콧이 위험관리 분야에서 많은 일을 하면서 그런 신뢰를 생성시키기 위해 공급자들과 다른 형태의 계약들을 다루고 있는 걸로 알고 있습니다. 스콧, 여기에 관해 우리에게 이야기해주고 싶은 거라도 있나요?

스콧 베스: 공급자들에게 거는 기대치들이 변하고 있습니다. 과거에는, 계약관리자가 내 앞에 계약서를 펼쳐놓고 작년에 비해 가격을 3% 깎았다고 지적해주었습니다. 그것이 추세에 맞는 수치이고 그 계약이 내가 선택할 수 있는 유일한 것이기에 나는 서명을 하고 말았습니다. 하지만 지금 내가 기대하는 것은 가격과 재고, 반응성을 교환할 수 있는 일련의 선택 사항들입니다. 그것들이 내가 고려할 필요가 있는 부류의 교환들이죠.

 신뢰와 벌칙 문제에 관해 말씀드리죠. 우린 벌칙 조항을 넣는 일부터 시작했는데, 상대방이 어떤 수준의 반응성을 우리에게 제공하지 못하면, 우리가 벌금을 부과한다는 조항을 넣었습니다. 그런데 그것이 신뢰를 좀먹기 시작했습니다. 그래서 그 대신 우리는 조건부 발효 계정을 만들었습니다. 어느 한쪽이 합의를 위반할 경우에는 벌금이 그 계정으로 들어가고, 나중에 그 돈을 새로운 정보 시스템 만들기와 공동의 팀 교육 실시, 양쪽 사람들을 더 자주 함께 여행 보내기 등의 관계 개선 활동에 재투자했습니다. 우리가 멀리 내다보고 이런 변화를 추구하자 신뢰의 수준이 올라갔습니다.

데이비드 버트: 이런 형태의 계약과 과정은 결정적입니다. 우리의 벤치마크 연구 대상이었던 한 회사(대규모의 소비재 회사)는, 예를 들어 비누

에 들어가는 효소를 덴마크의 작은 회사로부터 사들입니다. 새로운 화학적 효소 테크놀로지 개발과 관련해서 지적재산권 문제가 수없이 발생하기 때문에 두 회사는 자연스럽게 아이디어를 공유하는 일에 관심을 갖게 되었죠. 두 회사는 미리 기본 합의서를 체결해두어서, 매번 변호사에게 가서 새로운 법적인 합의서에 서명하지 않고도 새로운 테크놀로지를 개발·공유할 수 있었습니다. 그들은 둘 다 윤리적인 면을 대단히 강조했고, 절차에 관해서 그리고 누구로부터 무엇을 기대하는가에 관해 명백하게 이해하고 있었어요. 관계는 너무나 좋았습니다. 게다가 미국 회사의 공급망 관리자인 나탈리(Natalie)가 자신의 회사 내부에서 공급자를 대신해 너무나 열심히 싸워주었기 때문에 덴마크의 회사는 그녀를 기려 최근에 개발한 효소에다 나탈레제(Natalese)라는 이름을 붙였죠.

이처럼 관계가 중요하듯 과정 역시 중요합니다. 그들은 함께 일하는 방법을 규제하는 명백한 과정을 갖고 있으므로 스스로 끊임없이 혁신하고 관계를 건강하게 유지할 수 있게 되었습니다.

모리스: 나도 훌륭한 계약이 절대적으로 필요하다는 점에는 동의하지만, 회사 내의 정보와 전문가들의 접근 횟수를 증가시킴으로써 오랜 기간에 걸쳐 신뢰도가 높아지는 사례 또한 보았습니다. 그것은 특히 공장의 자동 보충과 같은 e비즈니스 활동과 관련된 사례에서 나타났습니다. 믿을 수 있는 한 공급자와 함께 시험적으로 시작하는데 시간이 지나면서 우리 사업에서 표준이 될 만큼 성장합니다.

우리가 조립 장비를 위한 정보 수납고를 만들 때 공급자들 사이에서도 같은 종류의 관계가 생성되는지 켜보았습니다. 새로운 테크놀로지를 개발할 때에는 그 테크놀로지를 사용할 수 있을 때까지 몇 년 동안 고객들 및 공급자들 쪽 사람들과 함께 일합니다. 그렇게 함으로써, 출시할 준비를 갖춘 때에 그 테크놀로지를 사용한 제품들이 존재하게 되는 겁니다. 그 일에는 다수의 공급자들이 인텔뿐만 아니라 서로 간에도 정보를 공유하는 일이 포함됩니다. 기꺼이 우리와 함께 위험을 감수하기로, 즉 여행의 동반자가 되기로 작정한 서너 사람들과 더불어 시작된 그 과정이 이제는 우리가 정보를 교환하고 새로운 제품을 개발하는 일에 통상적으로 사용하는 방법이 되었습니다.

로버트 포터 린치: 가치망 안에서 파트너와 공존한다는 아이디어의 흠을 잡자면, 거기엔 완전히 잊힌 혁신 통로가 하나가 있는데, 바로 혁신이 당신의 공급자들로부터 나온다는 사실입니다. 버트 박사가 이에 관해 연구했죠. 나는 작년의 일이라고 알고 있는데요. 대개 평균적인 회사들은 자기네가 이룬 혁신의 35%가 공급망에서 이루어졌다고 말합니다. '이제, 그걸로 충분하나요?' 라고 자문해보세요. 토요타 같은 회사는 그들이 이룬 혁신의 60%가 공급망에서 나왔습니다.

한 의뢰인이 내게 이렇게 말했습니다. "나의 가장 큰 고객은 존슨앤존슨입니다. 매년 그들은 내게 와 5~15%의 가격 인하를 요구합니다. 난 그들에게 줄 혁신안들을 잔뜩 갖고 있어요. 내가 공급망 관리자에게, '내 혁신안들을 어떻게 된 거야? 그것들을 어디로 갖고 가야 하지?' 라고 물을 때마다 그는 매번 '난 그런 것에 관심 없어' 라고 말합니다. 왜 관심이 없을까요? 그는 혁신에 따른 포상을 받지 못하기 때문이죠. 그는 원가 절감에 대해서만 포상을 받으니까요."

또 다른 예를 들어보죠. 1990대 동안의 제너럴모터스(GM)를 살펴보면 하자 보증에 든 비용이 이익보다 많습니다. 하자 보증 비용이 왜 그렇게 많이 들까요? 그 비용의 상당 부분은 GM이 공급망의 혁신을 추구하지 않은 대가죠. 그동안 크라이슬러는 공급망을 통한 혁신을 받아들였기 때문에 시장점유율을 상당히 증대시켰습니다. 자, 이제 질문을 던져보죠. 그것에 대해 포상을 하나요? 그것이 어느 정도인지 측정이나 하나요? 공급자의 혁신이 시장 우위에 주는 영향을 인지하나요? 고객의 만족도에 주는 영향은?

크리스 고팔: 나는 그 모든 것들보다 한 단계 아래로 내려가서, 내가 보아온 회사들 중 공급망에서 최고의 혁신을 이룬 회사는 실제로 공급망에 초점을 맞춘 우수한 인재들을 보유한 회사들 같아 보인다는 말을 하고 싶습니다. 나는 이것이 사람들 문제, 상위관리자의 관심과 의지의 문제라고 생각합니다. 마이클 델과 최고경영진은 수요·공급 조정 회의에 늘 참석했습니다. 델컴퓨터의 경영진은, 그들은 같은 일로써 모두 측정(적어도 과거에는)되는 공통적인 계량법에 의해 측정되며, 한 가지 경쟁 무기로 공급망에 초점을 맞추려고 애쓰게 됩니다.

어떤 사람이 내게 최선의 관행들에 관해 물었습니다. 지식은 공짜니까요. 델컴퓨터와 월마트, 세븐일레븐이 하고 있는 행동은 모두 인터넷의 어딘가에서 찾아볼 수 있습니다. 그런데 과연 몇 사람이 실제로 실행하려고 시도할까요? 시스템을 올바르게 합쳐서 제대로 작동하도록 만드는, 다시 말해 위험을 관리하고 시나리오 입안을 통해 우발적 사고에 대비하는 기획을 한 다음에 실시간 추세를 바탕으로 해서 전략을 집행하고 또 수정하는 것이 관건입니다.

또 어떤 사람은 내게 최악의 관행들에 관해 물었습니다. 내 생각엔 가장 최악인 관행은 테크놀로지와 공급망을 동일시하는 것, 즉 '내가 한 가지 테크놀로지를 샀으니 이젠 나도 훌륭한 공급망을 갖게 되었어'라고 생각하는 것입니다. 터무니없는 것이죠. 혁신은 사람들과 도구들,

그리고 상위관리자들이 그것에 부여하는 가치에 따라 달라집니다. 하우에게 묻고 싶습니다. 스탠퍼드 대학에서는 공급망 관리 수업을 받는 학생들이 몇 명이나 되죠?

인적 요소와 테크놀로지의 중요성

줄리아 커비: 나는 아마존이 월마트로부터 공급망 관리 역량을 가진 사람을 빼낸 일이 드러나고 사람들의 입에 오르내릴 정도가 되자 많은 사람들이 공급망 관리 역량을 가진 인적 요소가 차지하는 중요성에 눈을 뜨게 되었다고 생각합니다. 그 일은, 공급망은 주로 테크놀로지와 유통센터 설계 등에 얼마나 많은 돈을 들이느냐 같은 것을 다루는 거라고 생각했던 많은 사람들에게 놀라움을 안겨주었죠. 그런데 그게 정말로 역량을 가진 사람 문제일까요? 하우, 대답해주시겠어요?

하우 리: 공급망 관리에서 사람, 특히 리더십을 가진 사람이 아주 중요한 부분이라는 점에 동의합니다. 세븐일레븐재팬의 회장인 스즈키 도시후미는 지난주 공급망 실적을 검토하느라 매주 첫날 오전을 다 보냅니다. 이것은 그의 열정뿐만 아니라 참여도와 관심 또한 보여줍니다.

스탠퍼드 대학의 학생들로 말할 것 같으면, 예전에는 공급망 관리가 선택과목으로서 인기가 없었으나 지금은 더 많은 반으로 나누어 가르쳐야 할 지경입니다. 다른 대학에서 가르치는 나의 동료들도 비슷한 현상을 보고 있는 걸로 알고 있습니다. 역량 있는 사람들을 고용하고 성공가도에 접어들 수 있는 기회를 주면서, 공급망은 이러한 사방이 벽으로 둘러싸인 방 안에서 그저 관리만 하는 대상이 아니라는 사실을 보여주는 델컴퓨터와 세븐일레븐재팬, 자라 같은 회사들이 있기 때문에 이런 현상이 생겨난 거죠. 그리고 차이점은 원가 절감이 아니라 혁신과 가치 창출이죠.

줄리아 커비: 스콧, 당신도 그걸 알고 있어요? 당신네 인재 풀도 뜨고 있나요?
스콧 베스: 물론입니다. 일단의 조달 전문가들과 만났을 때 그들에게 과거 경력을 물어봤습니다. 과거에는 주로 선생들과 부동산중개인들, 회계사들, 행정가들, 정치학자들, 그리고 가끔 한두 명은 변호사 경력을 가진 사람들이었죠. 요즈음은 교육이나 훈련을 받은 공급망 전문가들이 늘어나고 있습니다.

줄리아 커비: 그렇다면 역량이 관건이군요. 하지만 테크놀로지는 어때요? 그것이 몇몇 사람들이 믿고 있는 만큼 긴요한 것이 아닌가요?
데이비드 버트: 생각하는 방향이 두 갈래로 갈라져 있습니다. 하나는 적절한 소프트웨어를 가짐으로써 사람들을 배제할 수 있다고 생각하는 겁니다. 참으로 단순한 거죠. 다른 하나는 IT와 여타의 테크놀로지들은 작동자 역할을 하는 것들이기 때문에 사람들을 적재적소에 배치하면 그것들이 엄청난 자산이 될 수 있다고 생각하는 것입니다. 하지만 당신이 어떤 소프트웨어를 샀으니 직원들을 해고해야 할 거라고 당신의 CEO나 CFO(재무 담당 최고책임자)가 생각한다면, 나는 그런 회사가 당신이 일하고 싶어 하는 곳이라고는 확신할 수 없군요.
샌드라 모리스: 몇몇 놀라운 정보 기술이 선을 보였는데, PC 공급망의 로제타넷(RosettaNet)이 그 가운데 하나이죠. 이건 경쟁자들 사이에서 믿기 어려울 정도의 협력이 이루어진 이야기인데요, 400개 회사가 아주 전술적인 수준에서의 영업 과정을 규정하기 위해 자리를 함께했습니다.

주문을 어떻게 처리할 것인가? 반품 처리는? 사전 선적 통지를 어떻게 다루어야 하나? 한 유통업자가 35개 공급자들과 접속하면서도 2개의 단말기 간의 영업 과정을 새로 만들지 않아도 되고 일일 단위로 최종 단계에서의 데이터 조정을 할 필요가 없도록 만들어주는 기계와 기계 사이의 커뮤니케이션을 할 수 있으려면 우리에겐 어떤 분야가 필요할까?

작년에, 우린 고객들과의 거래의 약 10%를 로제타넷 표준을 사용해 처리했습니다. 그것이 EDI(전자식 데이터 교환)를 완전히 대치하리라고 생각하진 않으나, 시간이 지나면서 어떤 형태의 거래에 있어서는 우리가 접속하는 표준적 방법이 되리라고 생각합니다. 인력을 줄일 수 있기 때문이 아니라 결코 접속해서는 안 되는 구매 주문들을 조정하고 접속하는 매일 매일의 업무로부터 직원들을 빼내어 그들이 보다 선순위의 서비스와 회사를 위한 전략에 전념하도록 만들 수 있기 때문에 이것이 보다 효율적이죠.

하우 리: 소프트웨어와 마찬가지로 하드웨어에 있어서도 테크놀로지가 공급망 관리에서 아주 중요하다는 점에는 의문의 여지가 없습니다. 하지만 테크놀로지는 회사가 대단한 성공을 이루도록 만들 수 있기도 하지만 회사를 와해시킬 수도 있습니다. 사람들이 그들의 테크놀로지를 어떻게 사용하느냐에 따라 판별됩니다. 테크놀로지는 인에이블러(enabler, 비즈니스 확대를 위한 유인책)입니다. 그것에 힘을 실어주면 C레벨(최고경영진)의 관심을 받을 수 있습니다. 사람에 따라 다른 거죠.

윌리엄 코파시노: 우리의 연구에서 이루어진 중대한 발견들 가운데 하나도 바로 그것입니다. 선도적 회사들은 실행할 테크놀로지를 대단히 훌륭하게 선별하여 채택합니다. 반면 평균 실적의 회사들과 낙후자들은

실행할 테크놀로지 솔루션들을 결정함에 있어 보다 광범위하고 덜 선별적이죠. 게다가 선도적 회사들은 실행함에 있어서, 과정 설계와 효율적인 프로그램 관리, 변화 관리에 초점을 맞추는 식으로 통제를 아주 잘합니다.

로버트 포터 린치: 회사들을 궁지로 몰아넣은 시행착오들이 많았기 때문에 회사들은 이제 테크놀로지에 대해 훨씬 더 조심스럽게 생각한다는 사실을 덧붙이고 싶군요. 이제 그들은 하나의 실행이 계획에 따라 진행되는지, 그리고 그것이 회사의 니즈에 부합하게 될지를 훨씬 더 주의를 기울여 확인합니다. 삼사 년 전만 해도, 테크놀로지가 만병통치약이라고 생각해 수많은 회사들이 테크놀로지를 무계획적으로 실행했습니다.

줄리아 커비: RFID(무선 주파 인식)는 어때요? 사실인가요, 지나치게 과장된 건가요? ROI(투자 수익률) 한계는 뭐죠?

윌리엄 코파시노: 우린 지난 6개월에 걸쳐 주목할 만한 관심 고조와 성공적인 시험 운영 과정을 지켜봤어요. 칩 가격이 현재 20센트에 가까워지고 있고 시간이 지나면 5센트까지 떨어질 가능성이 있으므로, 생산성의 관점에서 볼 때 RFID는 가치가 높아질 것입니다. 판독 장치 가격 역시 떨어지고 있죠. 우린 특히 절도 행위에 관심을 가진 회사들을 포함해 9~10군데 정도의 사용 신청을 적극적으로 다루고 있습니다. 하지만 보다 근본적인 문제는 인습적인 과정들, 방법들, 테크놀로지들을 능가하는 보다 광범위한 효율과 작업 개선 역시 우리가 목격하고 있다는 겁니다.

크리스 고팔: 사용처는 곳곳에 있습니다. 소매점도 그중의 하나이고요.

포드는 삼각망을 통한 가시성을 높이기 위해 실시간 물류 시스템을 사용합니다. 컨테이너 업자들은 추적 업무에 그걸 사용합니다. 그리고 OSC(Operation Safe Commerce, 운영 안전 커머스)를 장착하면 앞으로 수요는 더욱 늘어나게 될 것입니다. 채택하는 일은 산업의 몫이겠죠. 5센트가 중공업 제조업체에 적절한 가격입니다. 마진이 아주 낮은 소모품 제조업자에게는 1센트가 적절한 가격일지도 모르고요. 그건 경제성과 철저한 가시성의 문제이죠.

하우 리: 전자상거래가 발전되는 만큼 RFID도 발전하게 될 겁니다. 전자상거래가 처음 등장했을 때는 그저 기존의 과정과 작업 흐름을 자동화했을 뿐이었지요. 인터넷을 통해 구매 주문을 보내거나 물품 대금을 지급하거나 이메일을 통해 교신할 수 있었죠. 기존의 테크놀로지를 새로운 것으로 대체하면서도 여전히 똑같은 일을 하고 있었습니다. 그건 전자상거래가 가져다주는 가장 큰 효과가 아니죠. 샌드라가 이야기했듯이, 공급자들과의 공동작업 같은 것을 할 때 가장 큰 가치가 창출됩니다. 엑스박스(Xbox)의 디자인을 공동으로 작업하기 위해 인터넷을 이용할 때의 마이크로소프트처럼 말입니다. 과정을 바꾸기 위해서도 전자상거래를 이용할 수 있습니다. 예를 들면 전자상거래는 제조업자들이 여러 단계의 유통 과정을 건너뛰어 소비자들에게 직접 제품을 발송하는 일이 가능하도록 만들어줄 수 있습니다. 보다 큰 가치를 만들어주는 것이 과정 변경이죠.

RFID는 똑같은 발전 과정을 따를 겁니다. 지금은 주로 추적에 사용됩니다. 선반 위에 얼마나 많은 품목들이 있는지 실제로 세어보지 않아도, 테크놀로지가 그것을 읽을 수 있기 때문에 금세 파악할 수 있습니다. 한 품목이 언제 매장에서 빠져나갔는지 알고 싶다면 현재 수작업하고 있는 기존의 과정을 자동화하면 됩니다. 그것이 첫 단계이지만 가장 큰 효과는 아닙니다. 내 생각엔 테크놀로지의 지능을 사용하는 새로운 애플리케이션들로부터 가장 큰 가치가 창출될 듯싶습니다. 화물들에 내용물을 나타내는 물표가 붙어 있고 따라서 통관 절차도 거의 자동적으로 이루어진다면 RFID가 국경선 없는 공급망을 만들 수 있을 겁니다. RFID 물표가 컨테이너를 전자적으로 밀봉하는 일과 컨테이너들의 이동을 감시하는 일에 사용되어 어떤 부정한 조작이든 모두 추적될 수 있다면 RFID는 공급망의 안전도 떠맡을 수 있겠죠.

가치망 대 공급망

줄리아 커비: 질문할 게 한 가지 더 있는데, 고객들 및 공급자들과의 정보 공유, 결합 개발, 공급자와 함께하는 혁신 등 오늘 우리가 이야기를 나눈 것들과 관계되는 겁니다. 언제 우리가 공급망에 관한 이야기를 중단하고 가치망에 관한 이야기를 시작하게 될까요?

로버트 포터 린치: 가치망에 관련해서 생겨난 문제는 바로 대부분의 사람들이 여지껏 그것에 관해 실제로 생각해보지 않았다는 사실입니다. 우리에겐 가치망을 전공한 교수가 없기 때문에 대학에서 가치망을 가르치지 않습니다. 이건 전략적 결합과 같은 것이며 유기적으로 성장하는 것이라고 할 수 있죠. 하지만 많은 산업에서 선도자들은 이미 실질적으로 공급망으로부터 가치망으로 옮겨왔습니다. 비록 그런 이름을 붙이지는 않았지만요. 케이마트(Kmart)에 대해 월마트가 했던 일을 살펴보세요. 그게 바로 공급망이 아닌 가치망 이야기입니다. 가치망 역

시 아주 훌륭하게 관리하는 다른 회사들도 있습니다. 사우스웨스트항공은 고객들로부터 공급망 전체에 걸쳐서 수치화한 가치망을 갖고 있고, 델컴퓨터는 고객으로부터 모든 공급망에 이르기까지의 사슬을 관리하고 있습니다. 또 다른 예는 할리데이비슨입니다. 하우가 우리에게 보여주었듯이 새턴도 그렇고요. 내가 예견컨대 앞으로 5년 안에 가치망의 전쟁이 일어날 것입니다. 그런 다음에는 그것을 좇아 가치망으로 옮겨갈 것입니다.

데이비드 버트: 로버트, 당신에게 이견을 다는 것이 항상 위험하다는 사실을 이미 알고 있습니다. 하지만 내 자신을 위험에 빠뜨릴 각오를 하고 공급망 관리 분야에서 최근에 공인된 우리의 이론적 지도자는 가치망 관리라는 마지막 마무리 과정을 밟고 있다는 점을 지적하고 싶습니다.

크리스 고팔: 나는 가치망과 공급망을 거의 같은 뜻으로 보고 있으며 그 차이점을 찾아내려고 노력 중입니다. '가치'라는 단어는 내가 근원적으로 수상하게 여기는 것인데, 너무나 많은 상이한 환경에서 안 좋은 경험을 했습니다. 당신이 가치망 대 공급망에 관한 이야기를 할 때 나는 당신이 뜻하는 바가 무엇인지 알아내려고 애썼습니다. 그 둘이 정말 다른가요? 나는 '새로운 이름의 확산'을 받아들일 수 없습니다.

윌리엄 코파시노: 당신은 이 문제를 의미론적으로 다루는군요. 나는 물류관리학회로부터 공급망과 물류의 정의를 내려달라는 요청을 받았습니다. 내가 만든 위원회에는 여섯 명의 저명한 학자들이 있는데 우린 한 마디로 정의할 수 없었습니다. 하지만 나는 크리스와 같은 전망을 하고 있습니다. 나는 올바르게 일을 해낸 공급망이 가치망이라고 생각합니다. 이건 하나의 결합된 공급과 수요의 사슬, 즉 하나의 결합된 가치

망이죠. 그걸 그런 식으로 생각할 때에는 그것을 단지 원가를 절감하기 위해서가 아니라 수익과 혁신을 추진하고 가치를 창출하는 데 이용하기 위함입니다. 그리고 그곳이 바로 전략적 우위를 점하기 위해 시작하는 지점입니다.

5

트리플 에이 공급망 구축하기

하우 리
Hau L. Lee

요약 | 트리플 에이 공급망 구축하기

　강력한 공급망 구축은 사업 성공에 필수적이다. 그러나 자사의 공급망을 개선하는 문제에 직면하면 극소수의 회사들만이 올바른 접근법을 사용한다. 공급망의 여러 단계들이 경쟁적 우위를 차지하기 위해 필요한 관건이라는 가정하에서 많은 기업들이 자사의 공급망을 더 빠르게 혹은 원가 효율이 보다 높아지게 만들려고 노력한다. 역설적인 이야기지만, 속도와 원가에 초점을 맞춘 공급망들은 시간이 지나면서 쇠퇴해버리는 경향이 있다.

　필자는 공급망에서 나타나는 이런 심각한 문제뿐만 아니라 다른 문제들의 해결에 필요한 통찰력을 얻기 위해 지난 15년 동안 60여 개 이상의 회사들을 연구해 다음과 같은 결론을 내렸다. 기민하고 적응력 있고 정렬된 공급망을 구축한 회사들만이 경쟁자들보다 앞설 수 있다. 이 세 가지 요소들은 모두 필수적이어서, 그 가운데 어느 하나라도 빠지면 공급망은 와해된다.

　일류 회사들은 시장에서의 갑작스러운 변동들에 대응하는 공급망들을 갖추고 있다. 대부분의 산업에서 수요와 공급은 둘 다 급속하고 광범위하게 변동되기 때문에 기민함이 중요하다. 일류 회사들은 시장이나 전략에 변동이 있으면 자사의 공급망을 이에 적응시킨다. 가장 우수한 공급망들은 최근의 자료들을 기록하고 불필요한 것들을 걸러내고 주된 패턴을 추적함으로써 관리자들로 하여금 구조적인 변동을 조기에 확인할 수 있도록 만든다.

　그리고 자신들과 자사 공급망에 속한 파트너들의 이해관계를 정렬시킨다. 회사의 목표가 공급망에 안에 들어 있는 다른 파트너들의 목표들과 정렬되지 않았다면 실적이 나빠질 것이다. 트리플 에이 공급망 이야기를 들은 회사들은, 그런 것을 구축하려면 더 많은 테크놀로지와 투자가 필요할 것이라고 생각한다. 그러나 대부분의 회사들은 이미 여기에 필요한 인프라를 갖추고 있다. 새로이 마음 자세만 가다듬으면 충분히 가능하다.

지속 가능한 경쟁우위를 만들려면

지난 15년 동안, 나는 가능한 한 신속하고 값싸게 소비자들에게 재화 및 서비스를 제공하기 위해 공급망 구축과 재구축에 초점을 맞추었던 60개 이상의 선도적 기업들의 조직 내부를 연구해왔다. 그들은 최첨단 테크놀로지들에 투자했으며, 그것들이 부적절하다고 밝혀질 경우에는 공급망의 실적을 끌어올리기 위해 최고의 역량을 지닌 사람들을 고용했다.

많은 회사들이 기술 표준들을 포기한 채 서로 힘을 합쳐 간소화된 과정들을 만들고 그들이 공유할 수 있는 인프라에 투자하기도 했다. 예를 들면 1990년대 초기에 미국 의류 회사들은 신속 반응 제안(Quick Response initiative) 프로그램을 시작했고, 유럽과 미국의 식료품 회사들은 효율적인 소비자 반응(Efficient Consumer Response) 프로그램을 강권했으며, 미국의 식품서비스산업은 효율적인 식품서비스 반응 프로그램(Efficient Foodservice Response Program)을 만들었다.

그런 회사들과 제안들은 모두 공급망 관리에서 누구나 추구하는 궁극적인 목표인, 보다 빠른 속도와 원가 효율성을 지속적으로 추구할 목표로 삼았다. 물론 이들이 추구하는 목표는 산업 경기의 순환에 따라 달라졌다. 경기가 호황일 때에는 경영자들이 속도를 최대화하는 일에 온 힘을 쏟았고 경제가 하향 국면으로 접어들면 공급 비용을 최소화하기 위해 안간힘을 썼다.

그러나 시간이 흐르는 동안, 나는 대부분의 회사들과 전문가들이 무시한 듯 보이는 근원적인 문제점, 즉 다른 사정이 같다면 보다 효율적이고 원가를 절감한 공급망을 거느린 회사들이 경쟁자들에 대해 지속적으로 경쟁우위를 차지하지 못했다는 사실을 깨닫게 되었다. 실제로 그런 공급자들의 실적은 꾸준히 내리막으로 치달았다. 예를 들면 많은 회사들의 공급망들의 효율성이 증대되었음에도 불구하고 미국 내에서 가격을 인하한 제품의 비율이 1980년에는 10% 이하였는데 2000년에는 30% 이상으로 증가되었으며, 같은 기간 동안 구매 가능 제품의 품종 수에 대한 소비자 만족도는 심하게 떨어졌다고 조사 보고서들이 지적했다.

월마트와 델컴퓨터, 아마존이 경쟁자들보다 우위에 서게 된 것은 자사의 공급망들이 보다 효율적으로 바뀌었기 때문이 아님은 명백한 사실이다. 내가 연구한 바로는, 최고의 실적을 올린 공급망들은 세 가지의 아주 상이한 특질들을 지니고 있다.

첫째, 일류 공급망은 기민하다. 그들은 수요나 공급의 갑작스런 변동에 신속하게 반응한다. 둘째, 그들은 시장 구조와 전략이 전개되는 방향에 따라 시간이 지나면서 적응한다. 셋째, 자사의 이익을 최대화할 때 공급망의 실적을 최적화할 수 있도록 그들은 공급망에 속한 모든 기업들의 이해관계를 정렬하고 일치시킨다. 기민하고 적응적이며 정렬된 공급망만이 모회사들에 지속 가능한 경쟁우위를 만들어줄 수 있다.

효율을 저해하는 요소들

효율적인 공급망들이 재화를 공급할 수 없었던 데에는 몇 가지 이유가 있다. 속도가 빠르고 비용이 적게 드는 공급망들은 수요 또는 공급의 예기치 못한 변동에 반응할 수 없다. 많은 회사들이 규모의 경제를 이루기 위해 제조와 유통 설비들을 집중화시켰으며, 수송 시간과 운임, 배달 횟수 등을 최소화하기 위해 한 컨테이너에 제품들이 다 적재되었을 때에만 고객에게 배달한다. 하나의 특정 브랜드나 포장 규격, 각종 구색을 맞춘 상품에 대한 수요가 아무런 사전예고 없이 발생할 때 이런 조직들은 비록 그들이 그 품목을 재고로 보유하고 있을지라도 반응할 수 없다.

1990년대에 내가 도움을 주었던 두 차례의 연구에 의하면, 필요한 상품들이 이미 포장되어 발송을 기다리며 공장의 야적장에 쌓여 있어도 각각의 컨테이너들이 화물로 꽉 차게 될 때까지 움직일 수 없었던 사례들이 종종 발생되었다. 그런 '최선'의 관행은 선적을 한두 주일 지연시켰고 재고가 바닥난 소매점들은 어쩔 수 없이 소비자들을 되돌려 보내야만 했다. 최근에 발표된 또 다른 조사에 따르면, 경영자들이 수요 변동에 대처하도록 공급망들을 사전에 준비시켰음에도 불구하고 회사들이 제품 판촉활동을 발표하자 재고 품절 비율이 평균 15% 증가되었다고 한다. 이것은 그리 놀랄 일이 아니다.

대부분의 판매자들은 증가된 수요를 충족시키기 위해 컨테이너 하나에 가득 실린 상품이 필요하지는 않으므로 제조업자들이 추가 상품을 배달하면 그것은 그대로 재고 초과라는 결과를 가져온다. 그리고 쌓여 있는 재고를 처분하기 위해 회사들은 계획했던 시간보다 더 빨리 가격을 인하한다. 그것이 바로 백화점들이 취급하는 상품의 3분의 1가량을 할인된 가격으로 판매하는 이유 가운데 하나이다. 그러한 가격 인하는 회사들의 이익을 감소시킬 뿐만 아니라 브랜드의 가치를 떨어뜨리고 또 며칠 전에 제값을 다 주고 산 충직한 고객들의 화를 돋운다.

회사들이 속도와 원가에 대해 갖는 강박 현상은 새로운 제품의 출시 기간 중에 공급망이 와해되는 원인이 되기도 한다. 몇 해 전 나는 혁신적인 새 제품을 출시하기 전에 완충 재고를 만들지 않기로 결정한, 한 유명한 소비재 전자제품 회사를 연구했다. 정확한 수요 예측은 불가능하므로 그 회사는 재고 비용을 낮게 유지하고 싶어 했다. 신제품의 출시와 더불어 수요가 늘어났다가 얼마 지나지 않아 급속하게 수요가 감소하자, 그 회사는 공급자들에게 생산을 늘리라고 했다가 얼마 뒤엔 생산량을 삭감하라고 압력을 가했다. 몇 주일 뒤 수요가 다시 치솟자 공급자들에게 한 번 더 생산을 늘려달라고 열심히 설득했다. 하지만 닷새 뒤, 누가 수도꼭지를 잠가 갑자기 물이 끊어지듯 새로운 제품의 공급이 끊어져 버렸다.

깜짝 놀란 이 전자업계의 거물은 공급자들이 생산량을 늘렸다가 줄이기를 되풀이하느라 바빠, 부품 제조와 제품 조립 과정 양쪽에서 발생한 장애들을 처치할 시간적 여유를 얻지 못했다는 사실을 알아냈다. 공급자들이 두 번째로 생산량을 늘리려고 시도했을 때 제품의 결함이 수용 불가능한 수준까지 올라갔고, 주 조립업자를 포함한 몇몇 중소 공급자들은 일주일 이상 생산 라인을 세워둘 수밖에 없었다. 공급자들이 결함을 보수하고 생산을 재개할 즈음에 그 혁신 제품은 이미 죽은 것과 다름없었다. 그 회사가 생산 라인과 수요 양쪽이 안정될 때까지 공급자들에게 안정적이면서 여유 있는 제조 스케줄을 주었더라면, 처음에는 더 높은 재고 비용을 부담해야 되었겠지만 그 제품이 지금도 시장에서 판매되고 있을 것이다.

　시장들의 구조 변화에 적응하지 못한 탓에 효율적인 공급망이 종종 비경쟁적으로 되기도 한다. 1980년대 종반에 오클라호마시티 안에 부품 조달과 조립 및 검사, 주문 이행을 집중화함으로써 신속하고 원가 절감적인 공급망을 만들었던 루슨트(Lucent)의 전자교환시스템 부문 사례를 살펴보자.

　디지털 스위치 수요의 대부분이 아메리카 대륙에서 발생되고 루슨트의 중소 공급자들의 대부분이 미국 내에 있는 동안에는 공급망은 훌륭하게 잘 돌아갔다. 그러나 아시아가 세계에서 가장 빠르게 성장하는 시장으로 부상되었던 1990년대에, 루슨트는 극동아시아 지역에 공장을 세우지 않았기 때문에 반응 시간이 길어졌다. 더욱이 시간과 투자액의 문제로 인해 공급자들이 대륙을 넘어서 그런 일들을 할 수는 없었기 때문에 스위치를 주문 제작하거나 변형 작업을 수행할 수 없었다.

　중소 공급자들이 현지의 낮은 인건비로 생기는 이득을 취하기 위하여 미국으로부터 아시아로 제조 시설들을 이전하자 루슨트의 어려움은 더욱 심해졌다. "우린 부품들을 아시아로부터 오클라호마시티로 공수한 뒤 완제품으로 만들어 다시 아시아로 공수해야만 했어요. 그건 원가를 많이 올리기도 했지만 시간 낭비가 많았죠." 당시의 루슨트의 제조부문 책임자가 내게 말했다. 그는 비꼬는 투로 이렇게 덧붙였다. "항공사가 단골 탑승객에게 주는 마일리지 혜택을 부품이나 제품 어느 하나도 제대로 받지 못했다고요." 1996년에 디지털 스위치를 제조하기 위해 대만과 중국에 합작회사를 설립함으로써 공급망을 재설계할 때 루슨트는 아시아에서의 성공을 위해 공급망들을 관리했다.

　이 일을 비롯해 다른 많은 사례들에서도 결론은 같았을 것이다. 즉 공급망의 효율성은 필요하지만 그것만으로는 경쟁자들보다 잘할 수 있다고 보장하기에 충분치 않다. 앞서 지적했듯이 기민하고, 적응적이며, 정렬된 공급망을 구축한 회사들만이 경쟁에서 앞선다. 이 글에서 나는 그러한 특질들의 각각에 대해 자세하게 논의하고 또 회사들이 아무런 대가도 치르지 않고서 공급망 안에 그런 특질들을 심을 수 있는 방법을 설명하려고 한다.

이 세 가지 특질들 가운데 두 가지만 갖추어서는 충분치 않다. 세 가지 모두를 공급망 안에 구축한 회사들만이 경쟁자들보다 더 낫고, 더 빠르게 된다. 세븐일레븐재팬이 진정한 트리플 에이 공급망 구축을 통해 세계에서 가장 이익을 많이 낸 소매점들 가운데 하나로 성장하게 된 방법을 기술함으로써 이 글의 결론을 대신하고자 한다(이 글의 마지막에 있는 '트리플 에이 공급망 구축하기' 참조).

기민성 키우기

일류 회사들은 시장에서의 갑작스럽고 예기치 못한 변동에 대응하는 공급망을 만든다. 오늘날 대부분의 산업에서 수요와 공급 양쪽 모두가 과거 어느 때보다 급속하고 광범위하게 변동하므로 기민성이 중요하다. 대부분의 공급망들이 원가보다는 속도 위주의 활동을 통해 버티고 있으나, 기민한 공급망은 신속하고 원가 효율이 높게 반응한다.

많은 회사들이 기민성을 무시한 대가를 톡톡히 치르고 있음을 인식하지 못한 채 자사의 공급망의 속도와 원가에만 계속해서 초점을 맞추고 있다(이 글의 마지막에 있는 '기민성의 중요성' 참조). 1990년대에 인텔이 새로운 마이크로프로세서를 처음 공개할 때마다, 컴팩은 더 긴 설계 주기로 인해 차세대 PC를 출시할 때까지 경쟁자들보다 훨씬 많은 시간을 소비했다. 또한 소비자들 가운데에서 하이테크 제품들에 관한 입소문을 만들어내는 초기 구매자들을 확보할 수 없었기 때문에 회사는 심리적 점유율마저 잃었다.

게다가 가격 경쟁을 할 수도 없었다. 자사의 제품들이 장기간의 제조 과정을 거치기 때문에 다량의 원자재 재고를 유지해야 했다. 그것은 부품 가격이 떨어지더라도 컴팩이 많은 이익을 거둘 수 없으며, PC의 가격을 경쟁자들이 하는 만큼 대폭 인하할 수 없었음을 뜻했다. 공급자들이 엔지니어링 규격의 변화를 발표했을 때, 컴팩은 상대적으로 더 많은 재공품 재고로 인하여 다른 제조업자들보다 더 많은 재작업 비용을 부담했다. 기민한 공급망의 부재는 10년에 걸쳐 컴팩이 PC 시장에서 점유율을 잃게 되는 원인으로 작용했다.

반대로 영리한 회사들은 자신들을 경쟁자들과 차별화시키기 위해 기민한 공급망들을 활용했다. 예를 들면 H&M, 망고(Mango), 자라는 자사의 공급망들의 모든 연결 고리들 안에 기민성을 구축함으로써 유럽에서 가장 이익을 많이 내는 의류 브랜드들이 되었다. 이 세 회사들은 자사의 제품 생산에서부터 배송까지의 전 과정 속에 기민한 디자인 과정을 포함시켰다.

디자이너들은 예상되는 추세를 파악하자마자 스케치를 하고 직물을 주문한다. 직물 공급자들은 가장 긴 리드타임(lead time, 발주에서 배송까지에 소요되는 시간 – 옮긴이)이 필요하므로, 이렇게 함으로써 경쟁자들보다 한 발 앞서 출발할 수 있다. 그러나 소매점들로부터 믿을 수 있는 주문이 들어온 이후에야 비로소 이 회사들은 디자인을 최종적으로 확정하여 의류를 제조한다. 그렇게 함으로써 그들은 소비자의 취향에 맞춘 제품을 만들 수 있고, 한편으로는 할인판매를 통해 처분할 수밖에 없는 품목의 숫자를 줄일 수 있다.

이 세 회사는 초효율적인 분배 센터를 갖고 있다. 수요의 변동에 즉각 반응해야 할 때에 분배 기능이 장애가 되지 않도록 보장하기 위해 최첨단의 분류 및 물자 취급 테크놀로지를 사용한다. H&M, 망고, 자라는 모두 1990년 이후 매년 20% 이상씩 성장했으며 세 회사가 거두는 두 자리 숫자의 순이익률은 동종 업계의 부러움을 사고 있다.

공급망에 대한 갑작스런 충격이 빈번해지자 기민성은 과거 수년 동안 더욱 중요하게 인식되었다. 예를 들면 2001년 뉴욕에서 발생했던 테러리스트들의 공격과 2002년 캘리포니아 부두 노동자들의 파업, 2003년 아시아 지역의 사스(SARS) 만연 등 일련의 사건들은 많은 회사들의 공급망들을 혼란에 빠뜨렸다. 근년에 이르러 자연 재해와 테러 행위, 전쟁, 전염병 만연, 컴퓨터 바이러스의 피해가 증가하고 있는 한편, 공급 라인들이 현재 전 세계에 걸쳐 깔려 있다는 부수적인 이유 때문에 대부분의 공급망들은 긴급 사태에 잘 대처할 수 없다는 사실이 나의 연구를 통해 밝혀졌다. 9·11사태 이후 불과 3년이 지났을 뿐이지만 미국 회사들은 위기에 대비한 비상 계획을 마련해두는 일의 중요성을 거의 잊어버린 듯하다.

기민한 공급망들은 갑작스럽게 맞닥뜨리는 좌절들을 신속하게 극복한다. 1999년에 대만에서 발생한 지진으로 인해 미국으로 보낼 컴퓨터 부품의 선적이 몇 주일 혹은 어떤 경우에는 몇 달씩 연기되었다. 컴팩과 애플, 게이트웨이(Gateway)를 비롯한 대부분의 PC 제조업자들이 제품을 적기에 인도하지 못해 고객들의 분노를 샀다.

하지만 갑작스레 PC 컨피규레이션(configuration)들의 가격을 변경했던 델컴퓨터만이 예외였다. 델컴퓨터는 구할 수 없는 부품들로 만들어진 하드웨어로부터, 그런 부품을 사용하지 않은 하드웨어 쪽으로 소비자 수요의 방향이 틀어지도록 만들었다. 델컴퓨터는 이전의 지진 피해에 관한 자료를 확보하고 있었고, 공급자들이 안게 될 문제들의 범위를 신속하게 파악했으며, 우발적 사건을 극복하기 위해 회사가 미리 마련해둔 계획들을 실행함으로써 그런 일을 해낼 수 있었다. 지진의 여파로 델컴퓨터가 시장점유율을 증대시켰던 것은 그리 놀랄 일이 아니다.

2000년 3월에 뉴멕시코 주 앨버커키에 있는 필립스의 공장이 화염에 휩싸였을 때 노키아(Nokia)와 에릭슨(Ericsson)은 각기 대조적인 연구보고서를 내놓았다. 그 공장은 이동 전화기의 주요 부품인 RF(Radio Frequency, 무선 주파수)칩들을 만들어 스칸디나비아 반도에 소재하는 이들 두 회사에 납품해왔다.

화재로 인하여 공장이 타격을 입자, 노키아의 관리자들은 다른 회사들이 유사한 RF칩을 만들 수 있도록 재빨리 설계를 변경하였고 비상시에 대비해 예비적인 생산 공장도 수배해두었다. 하나는 일본에 다른 하나는 미국에 있는 두 공급자들이 노키아에 5일 동안의 리드타임을 달라고 요청했다. 반면 에릭슨은 이전부터 원가 절감을 위해 예비적인 공급자들을 잘라버리는 일을 해오고 있었다. 이 회사는 비상시를 대비한 계획을 마련해두지 않았기에 새로운 칩 공급자를 찾아낼 수 없었다. 에릭슨은 그 화재 이후 수 개월 동안 생산을 감축했을 뿐만 아니라 이전 제품보다 더 뛰어난 신제품을 출시해야만 했다. 결과적으로 노키아는 보다 기민한 공급망을 갖고 있었기 때문에 에릭슨으로부터 시장점유율을 가져올 수 있었다.

다음 여섯 가지 경험칙(經驗則)들을 고수하면 기민한 공급망을 구축할 수 있다.

- 파트너들이 신속하게 반응할 수 있도록 공급과 수요의 변동에 관한 자료를 제공하라. 예를 들면 시스코(Cisco)는 최근에 인터넷을 통해 공급자들과 회사를 연결시키는 e허브를 만들었다. 이를 통해 모든 회사들이 동일한 수요와 공급 자료를 같은 시간에 가질 수 있고, 수요나 공급의 문제들에서 나타나는 변동들을 즉시 알아볼 수 있으며 일치단결된 모양새로 반응할 수 있다. 정보 전달이 지연되지 않도록 보장하는 것이 기민한 공급망 만들기의 첫 단계이다.
- 회사들이 과정과 부품들, 제품들을 설계 또는 재설계하는 일들뿐만 아니라 비상시의 대안 계획을 준비하는 일을 함께 할 수 있도록 공급자들 및 고객들과 협조적인 관계를 발전시켜라. 예를 들면 세계 최대의 반도체 제조 공장인 TSMC(Taiwan Semiconductor Manufacturing Company)는 디자인과 엔지니어링에서의 변경을 신속하고 정확하게 이행할 수 있도록 공급자들과 고객들에게 회사가 독점적 권리를 갖고 있는 도구들과 자료, 모델들을 제공한다.
- 시초에 통용되는 부품들과 공정들을 공유할 수 있도록 제품을 디자인하고 생산 과정의 마지막까지에만 실제적으로 차별화하라. 나는 이 전략을 '유예(postponement)'라고 부른다(에드워드 페잇징어(Edward Feitzinger)와 공동 집필하여 1997년 1~2월호 『하버드 비즈니스 리뷰』에 게재했던 논문, 「휴렛팩커드에서의 대량 주문 생산: 유예의 힘」 참조). 이 방법을 쓰면 소비자의 선호에 관한 정확한 정보를 가졌을 때에만 회사들이 제품을 완성할 수 있도록 해주기 때문에 수요 변동에 신속하게 대응할 수 있다. 프로그램을 입력할 수 있는 로직 칩의 세계 최대 제조업체인 질링크스(Xilinx)는 유예의

기술을 완성하였다. 기본적인 제품들을 구매한 이후에 고객들은 인터넷을 통해 상이한 애플리케이션에 사용하기 위해 이 회사의 통합된 회로를 프로그래밍할 수 있다. 그 결과 질링크스는 재고 문제에 맞닥뜨리는 일이 드물다.

- 종종 장애의 요인이 되는 값싸고 부피가 작은 부품들은 소량의 재고를 유지하라. 예를 들면 H&M, 망고, 자라는 설사 공급망들이 와해되더라도 의류를 완성할 수 있도록 장식 단추와 지퍼, 후크, 걸쇠 같은 액세서리의 비축량을 갖고 있다.
- 예기치 못한 니즈에 신속하게 대응하기 위해 회사가 그룹을 다시 짤 수 있도록 믿을 수 있는 유통 시스템을 구축하라. 이런 혜택을 누리기 위해 회사들이 자체적으로 그런 유통 시스템에 투자할 필요는 없다. 제3의 유통 설비 제공자들과의 제휴를 시도할 수 있다.
- 비상시의 대안들을 발동시킬 줄 아는 팀을 구성하라. 물론 델컴퓨터와 노키아가 이미 실행해보였듯이, 이는 회사들이 관리자들을 훈련시켰고 위기를 타개하기 위한 비상 계획을 마련해두었을 때만 가능하다.

공급망 적응시키기

일류 회사들은 시장이나 전략에 변동이 생겼을 때 똑같은 공급망을 고수하지 않는다. 그런 회사들은 오히려 자사의 공급망들이 적응력을 유지해 변화하고 있는 니즈에 부응하여 조정할 수 있도록 만드는 노력을 계속한다. 적응력을 유지하기는 어렵지만 지속 가능한 경쟁우위를 만들어주는 공급망을 개발하기 위해서는 매우 중요하다.

공급자들이 공급과 수요에서의 예기치 못한 변동뿐만 아니라 시장에서 거의 영속하다시피 하는 변화들에 직면하고 있다는 사실을 대부분의 회사들은 인식하지 못한다. 그러한 구조적 변환은 대개 경제 발전과 정치적·사회적 변화, 인구의 증감 추세, 테크놀로지의 진전 등으로 인해 발생한다. 회사들이 자사의 공급망들을 적응시키지 못한다면 매우 오랜 기간 동안 경쟁력을 잃게 될 것이다.

루슨트는 두 차례에 걸친 산업의 변환에 뒤늦게 눈떴는데 첫 번째는 아시아 시장의 부상이었고, 두 번째는 아웃소싱을 통한 제조로부터 얻는 경쟁우위였다(이 글의 마지막에 있는 '최적자의 적응력' 참조). 루슨트는 처음에는 그럭저럭 따라잡았으나 두 번째의 일이 생겼을 즈음에는 충분할 만큼 신속하게 적응하지 못했기 때문에 세계적 원격 통신 시장에서의 주도권을 잃었다.

최선의 공급망들은 최신의 자료를 확보하여 불필요한 것들을 걸러내고 주요한 패턴들을 추적함으로써, 때로는 실제로 일어나기도 전에 구조적 변환을 확인한다. 그런 다음에, 그들은 시설들을 재배치하고 공급 원천을 바꾸며, 가능할 경우 제조 과정 자체를 아웃소싱한다.

예를 들면 휴렛팩커드는 1980년대에 잉크젯 프린터를 만들기 시작했을 때 R&D와 생산 두 부문들을 워싱턴 주 밴쿠버에 함께 두었다. 그 당시는 잉크젯 테크놀로지가 막 선을 보인 때였고 가장 큰 프린터 시장은 미국이었기 때문에 휴렛팩커드는 제품 개발과 생산 팀들이 함께 일해주기를 바랐다. 세계의 다른 지역들에서 수요가 증가하자 휴렛팩커드는 유럽과 아시아 지역에서의 공급을 위해 스페인과 싱가포르에 제조 시설을 세웠다. 휴렛팩커드의 새로운 프린터 개발 기지는 밴쿠버에 그대로 남아 있지만, 회사가 생존하기 위해서는 규모의 경제를 추구할 수밖에 없었기 때문에 싱가포르가 가장 큰 제조 시설이 되었다. 1990년대 중반에 이르자, 휴렛팩커드는 프린터 제조 기술이 이미 다 알려졌다는 사실과 회사가 공급자들에게 생산을 완전히 아웃소싱할 수 있다는 사실을 깨달았다. 그렇게 함으로써 원가를 절감할 수 있었고 경쟁이 격심한 시장에서 선도자의 자리를 지킬 수 있었다.

적응력이 단지 방어적인 전술이어야 할 필요는 없다. 전략을 수정할 때 공급망을 적응시킨 회사들이 종종 새로운 제품을 출시하거나 신규 시장에 성공적으로 침투하기도 한다. 3년 전, 마이크로소프트는 비디오 게임 시장에 뛰어들기로 결정하면서 하드웨어 생산을 싱가포르를 거점으로 하고 있는 플렉스트로닉스(Flextronics)에 아웃소싱하는 방법을 선택했다. 2001년 초 마이크로소프트가 크리스마스 시즌의 손님들을 대상으로 하고 싶어 했기 때문에 플렉스트로닉스는 12월 이전까지 엑스박스를 재고로 쌓아두어야 한다는 사실을 알았다.

플렉스트로닉스는 제품의 성공적인 출시를 보장하기 위해서는 시장에 대한 접근 속도와 기술적 지원이 중요하다고 판단했다. 그래서 이 회사는 엑스박스를 멕시코와 헝가리에 있는 시설에서 만들기로 결정했다. 두 공장은 생산 원가는 비싸지만, 마이크로소프트를 도와 신속하게 디자인을 바꾸고 엔지니어링 규격들을 수정할 수 있는 엔지니어들을 확보하고 있다는 장점을 지니고 있었다. 멕시코와 헝가리는 엑스박스의 가장 큰 목표 시장인 미국과 유럽에 인접해 있다.

그 결과 마이크로소프트는 기록적인 시간 안에 제품을 출시할 수 있었고 시장에서의 선도자인 소니의 플레이스테이션2에 강력하게 도전했다. 소니는 자사 제품의 가격을 엄청나게 할인하면서 대항했다. 중기적인 생존을 위해서는 속도가 원가만큼 중요하지 않음을 깨달은 플렉스트로닉스는 엑스박스의 공급망을 중국으로 전환했다. 이로 인한 원가 절감을 통해 마이크로소프트는 소니의 할인 정책에 맞설 수 있게 되었으며, 한 차례 더 싸울 수 있는 기회를 잡았다. 2003년에 이르자 엑스박스는 플레이스테이션2로부터 비디오 게임 시장의 20%를 빼앗았다.

현명한 회사들은 공급망들을 제품 시장의 성격에 맞춘다. 그들은 대개 하나 이상의 공급망을 갖는다. 그렇게 하려면 비용이 많이 들지만 제품 시장 각각의 요구를 충족시키기에 충분한 최선의 제조 및 분배 능력을 갖게 된다.

예를 들면 시스코는 표준적이고 대량으로 소요되는 네트워킹 제품들에 대한 수요를 중국과 같은 저임금 국가들에 있는 계약 제조업자들에게 위탁가공해서 충족시킨다. 시스코는 핵심적인 제품들을 생산하기 위해 저임금 국가들의 공급자들을 활용하지만, 미국과 유럽 같은 주요 시장들에서는 그런 제품을 주문에 따라 만든다. 주문 요구는 많으나 소량인 제품들을 공급할 때는 주요 시장에 가까운 곳에 소재하는 공급자들, 즉 미국에 공급하기 위해서는 멕시코, 유럽에 공급할 때는 동유럽 국가들을 이용한다. 동시에 3개의 상이한 공급망을 이용한다는 사실에도 불구하고 이 회사는 기민성이 떨어지지 않도록 주의를 기울인다. 융통성 있는 디자인과 표준화된 공정을 사용하기 때문에 시스코는, 필요할 경우 이 공장에서 다른 공장으로 바꾸어서 제품을 생산할 수 있다.

갭 역시 세 가지 전략을 구사한다. 갭은 올드네이비(Old Navy) 브랜드로 가격을 의식하는 소비자들을, 갭 라인 제품들로 유행을 따르는 구매자들을, 바나나리퍼블릭(Banana Republic) 컬렉션으로 고급 품질의 의류를 원하는 소비자들을 노린다. 세 가지 브랜드 모두에 같은 공급자를 이용하지 않고, 원가 효율을 감안하여 올드네이비의 제조와 원자재 조달은 중국에서 하고,

속도와 유연성을 보장하기 위해 갭의 공급망은 중앙아메리카에 두고, 품질을 유지하기 위해 바나나리퍼블릭의 공급망은 이탈리아에 세웠다.

결과적으로 갭은 한 공급자만 이용했을 경우와 비교할 때, 구매와 제조에서 더 높은 간접비와 더 낮은 규모의 경제성을 감수해야 했고 더 많은 수송비를 부담해야 했다. 그러나 각 브랜드들이 상이한 소비자 계층을 대상으로 하기 때문에 갭은 차별적인 지위를 유지하기 위해 상이한 공급망들을 이용한다. 이런 적응력이 빛을 발했다. 갭이 세 가지 브랜드 모두를 소유하고 있다는 사실을 많은 소비자들은 알지 못한다. 한편으로는 3개의 공급망들이 비상시에는 대체 공급자로서의 역할을 한다.

때때로 회사들이 적정한 시장 규모를 결정하기에 어려움을 겪는데, 혁신적인 신제품을 출시하는 경우 특히 그러하다. 묘책은 제품들이 상이한 수준의 테크놀로지를 담고 있다는 사실을 기억해내는 것이다. 예를 들면 레코드를 이어 카세트가, 그 뒤를 이어 CD가 나왔다. 비디오테이프를 이어 DVD가 등장했고, 대부분의 아날로그 제품들은 곧 디지털 제품으로 바뀔 것이다. 또한 모든 제품들은 수명주기의 어느 한 국면, 즉 유년기나 성장기, 성숙기 또는 종말기 가운데 한 단계에 포함된다. 그런 특성들의 어느 하나 또는 둘 모두를 공급망 파트너들과 제조 네트워크, 분배 시스템에 잘 적용하여 계획을 짜면 회사들은 자사가 제공하는 제품이나 서비스에 필요한 최적의 공급망을 개발할 수 있다.

예를 들면 2000년도에 토요타가 미국에서 출시한 하이브리드 자동차 프리우스(Prius)는 새로운 테크놀로지를 담고 있고 유년기에 속해 있으므로 토요타는 이 자동차의 시장이 다른 모델들의 시장들과는 다를 것이라고 확신했다. 토요타에는 미국의 추세와 지역적인 선호도를 추적하는 전문가들이 있었지만, 토요타는 하이브리드 자동차에 대한 소비자의 반응을 예측하기 어려울 것이라고 판단했다. 그 외에도, 기술을 좋아하는 사람들과 자연보호론자 같은 토요타가 잘 알지 못하는 특수한 소비자 계층이 프리우스를 마음에 들어 할 수도 있었다.

불확실성이 너무 커서 과거의 추세를 바탕으로 해서 딜러들에게 프리우스를 할당할 수 없다고 확신한 토요타는 중앙 야적장 안에 재고를 보유하기로 결정했다. 딜러들이 소비자들에게 주문을 받아 그것을 인터넷을 통해 전달하면, 토요타는 야적장에서 자동차들을 실어 보냈고 딜러들이 그것들을 구매자들에게 인도했다.

비록 토요타의 수송비 부담은 증가했지만, 제품을 수요에 맞추어 생산하고 재고를 결함 없이 관리했다. 예를 들면 2002년에 북부 캘리포니아와 남동부 지역에서 주행 중인 토요타 자동차의 숫자는 각각 7%와 20%였다. 그러나 프리우스의 경우 생산량의 25%를 북부 캘리포니아에서, 6%를 남동부 지역에서 팔았다. 분배 시스템을 제품에 적응시키지 않았더라면 토요타는 북부 캘리포니아에서는 품절 사태를, 남동부 지역에서는 초과 재고라는 부담을 안았을 테고, 그것이 그 제품의 실패를 불러올 가능성도 충분히 있었다.

적응할 수 있는 공급망을 구축하는 데에는 추세를 알아내는 능력과 공급망을 변화시킬 수 있는 능력이라는 두 가지 주요한 요소들이 필요하다. 미래의 패턴들을 확인하기 위해서는 다음과 같은 지침을 따라야 한다.

- 특히 개발도상국에서는 경제적 변동을 추적하라. 많은 국가들이 자국의 경제를 글로벌 경쟁의 대상으로 개방하고 있어서 글로벌 공급망 운영에 따르는 비용, 기술 및 위험이 변화하고 있다. 이런 무역자유화는 전문화된 기업들의 출현을 증대시키므로 회사들은 사업의 더 많은 영역을 아웃소싱할 수

있는지 알아보기 위해 정기적으로 조사를 해야 한다. 그러나 그런 일을 하기 전에, 그것들을 공급자와 고객들에게 연결시킬 수 있는 인프라가 갖추어져 있는지 확실히 알아두어야 한다. 플렉스트로닉스와 솔렉트론(Solectron), 팍스컴(Foxcom) 같은 글로벌 전자제품 공급자들은 자료 수집과 공급망 적응시키는 일에 뛰어난 능력을 갖추게 되었다.

- 직접 상대하는 고객들뿐만 아니라 최종소비자들의 니즈도 판독하라. 그러지 않으면, 수요 변동을 증폭시키고 왜곡시키는 소위 '채찍 효과'의 희생자가 될지도 모른다. 여러 해 동안, 반도체 제조업자들은 고객 예측에 반응했고 그러다가 시장에서의 공급 과잉을 초래했다. 그러나 그들이 칩을 바탕으로 한 제품의 수요를 추적하기 시작하자 제조업자들은 그 문제를 극복했다. 예를 들면 2003년에는 반도체의 다량 재고 축적도 없었고 제품 부족 현상도 생기지 않았다.

동시에, 회사들은 공급망을 변경할 수 있는 선택권을 가져야 한다. 그러자면 다음 두 가지 일을 해야 한다.

- 회사들은 기존의 공급자들을 보완하는 새로운 공급자들을 개발해야 한다. 현명한 회사들은 비교적 잘 알려지지 않은 지역에서 일할 때에는 신뢰할 수 있는 공급자를 찾아내기 위해 홍콩을 거점으로 하고 있는 공급망 구축자 리앤펑(Li & Fung) 같은 중개자를 이용한다.
- 회사들은 제품 설계자들이 자신들의 설계에서 공급자들이 차지하는 중요성을 잘 알도록 만들어야 한다. 설계자들은 또한 공급을 위한 설계의 세 가지 원칙, 즉 제품들이 부품을 함께 사용할 수 있음을 보장하는 속성의 공유, 제품들이 차별화되는 단계를 지연시키는 유예, 상이한 제품들에 사용되는

부품과 공정들이 똑같음을 보장하는 표준화를 숙지하고 있어야 한다. 이런 원칙들은 활용하면 회사들이 공급망을 적응시키려 할 때마다 엔지니어링의 변화를 실행할 수 있게 된다.

올바른 정렬 만들기

일류 회사들은 자사의 공급망 안에 들어 있는 모든 회사들의 이해관계를 자사의 것에 맞추어 정렬시키려고 노력한다. 공급자이든, 조립자이든, 배급자이든, 소매상이든 간에 모든 회사들은 자사의 이익을 최대화하려고 애쓰기 때문에 이 점은 매우 중요하다(이 글의 마지막에 있는 '비정렬의 한계' 참조). 어느 회사의 이익이 공급망 안에 있는 다른 조직의 그것들과 상충하면 그 회사의 행동이 공급망 전체의 실적을 최대화시키지 못할 것이다.

휴렛팩커드 사례에서 알 수 있듯이, 비록 공급망 파트너들이 같은 회사의 부문들이라 할지라도, 잘못 정렬된 이해관계는 참혹한 피해를 불러올 수 있다. 1980년대 말, 휴렛팩커드의 IC(integrated circuit, 직접 회로)부문은 될 수 있는 한 적은 재고를 유지하려고 노력했다. 낮은 재고 수준이 성공 요소들 가운데 하나라고 판단했기 때문이다. 하지만 낮은 재고 수준으로 말미암아 휴렛팩커드의 잉크젯 프린터부문에서 필요로 하는 IC를 공급하는 데 리드타임이 길어지는 일이 종종 발생했다. 프린터 부문은 고객들을 기다리게 할 수 있는 처지가 아니어서, 부품 공급에서 길어지는 리드타임에 대처하기 위해 프린터의 재고를 늘렸다. 그 결과 두 부문들은 만족스러워했으나, 휴렛팩커드의 입장에서 보면 비용이 적게 드는 IC

의 재고를 더 많이, 그리고 값비싼 프린터의 재고를 더 적게 보유하는 것이 훨씬 이익이었다. 그러나 휴렛팩커드의 공급망이 부문들의 이해관계를 회사의 이해관계와 정렬시키지 않았다는 단순한 이유만으로 그런 일이 벌어진 것은 아니었다.

정렬이 되지 않으면 수많은 공급망의 활동에서 실패를 불러온다. 예를 들면 플렉스트로닉스와 솔렉트론, 시스코, 쓰리컴(3Com)을 포함한 몇몇 하이테크 회사들은 자사의 조립 공장 인근에 공급자 허브들을 만들었다. 공급자들은 제조업자의 니즈를 충족시키기 위해 허브에다 충분한 재고를 유지했고 주문을 기다리지 않고 새로운 제품들을 허브에 보충했다. 이런 공급자 관리 재고 시스템은 공급자들로 하여금 부품의 소비를 추적하고, 수송비를 절감할 수 있도록 만들었다. 또한 공급자들은 같은 허브를 여러 제조업자들을 지원하는 일에 사용할 수 있어서 규모로부터 얻는 혜택도 얻을 수 있게 되었다. 공급자 관리 재고 시스템이 그렇게나 많은 이점을 가져다주는 데도 불구하고 항상 원가를 절감하지 못하는 이유는 무엇일까?

부품들이 실제로 제조업자의 조립공장에 들어가기 전까지 공급자들이 그 부품들을 소유하므로 이전보다 더 오랜 기간 동안 재고 비용을 부담한다는 사실에서 문제가 시작된다. 수많은 공급자들은 중소 규모의 회사들이어서 재고 비용을 조달하기 위해 자금을 차입하려면 규모가 큰 제조업자들이 부담하는 것보다 높은 이율의 이자를 지급해야 한다. 따라서 제조업자들은 재고의 소유권을 공급자들에게 넘김으로써 원가를 절감했으나, 공급자들의 비용이 커졌기 때문에 공급망들은 더 높아진 원가를 감수할 수밖에 없었다. 실제로, 몇몇 공급자 관리 재고 시스템에서는 제조업자들이 공급자들과의 비용 분담을 거절했기 때문에 마찰이 생기기도 했다.

회사들이 파트너들의 이해관계를 자사의 이해관계와 정렬시키는 한 가지 방법은 기업들이 위험과 비용, 포상을 똑같이 나누어 가질 수 있도록 그들의 관계에 적용되는 조건들을 재규정하는 것이다. 예를 들면 세계 최대의 인쇄업체인 RR돈넬리(RR Donnelley, 『하버드 비즈니스 리뷰』를 인쇄하는 회사)는 1990년대 말 자사 공급망의 실적이 용지 및 잉크 공급자들에 의해 크게 좌우된다는 사실을 깨달았다. 공급의 품질과 신뢰도가 향상되면 회사는 낭비를 줄일 수 있고 고객들에게 제품을 적기에 인도할 수 있었다.

수많은 다른 기업들처럼, RR돈넬리는 공급자들이 공정 및 제품의 개선을 위한 제안들을 내도록 권장했다. 그러면서 자사와 그들의 이해관계를 정렬시키기 위해 개선 활동 결과로 얻어지는 절감액을 공급자들과 나누겠다고 제안했다. 공급자들이 주도적으로 시작한 개선 활동은 그 이후 RR돈넬리의 공급망을 강화시키는 일에 도움을 주었다.

때로는 정렬 과정에 중개인의 활용이 포함된다. 예를 들면 공급자 관리 재고 시스템의 경우, 현재 몇몇 금융기관들이 허브에 있는 부품들을 공급자들로부터 구매하여 제조업자들에게 판매한다. 중개인의 금융 비용은 공급자의 비용보다 저렴하기 때문에 모두가 혜택을 입는다. 그런 조정 작업에는 공급자들, 중개인들과 제조업자들 각자의 신뢰와 실천이 필요하지만 공급망 안에 들어 있는 회사들의 이해관계를 정렬하는 것이 하나의 강력한 방법이다.

동종 산업 내에서 최고들 가운데 하나인, 자동차 제조사 새턴의 수리용 부품 공급망은 탁월한 결과를 이끌어냈던 인센티브 정렬의 훌륭한 사례이다. 별 문제없이 시스템이 잘 돌아가고 있는 이유는 새턴이 공급망에 들어 있는 모든 당사자들, 특히 소비자들의 이해관계를 정렬했기 때문이다.

　새턴은 자동차 딜러들의 수리용 부품 재고 관리 부담을 해소시켰다. 회사의 제안을 수용, 거부 또는 수정할 수 있는 권한을 가진 딜러들을 위해 새턴은 구매 및 보충 결정을 할 수 있는 집중화된 시스템을 이용한다. 비록 새턴은 실적 추적의 책임을 맡고 있지만, 딜러에게 수리용 부품들을 인도한 실적을 추적하는 것만으로 새턴의 역할이 끝나는 것은 아니다. 새턴은 자동차 소유주가 체험한 서비스의 질에 대해 자사의 관리자들과 딜러들이 공동으로 책임을 지도록 만들었다. 예를 들면 관련된 계량 자료로 딜러들이 소유한 부품들의 재고 이용도를 추적한다. 그리고 수리용 부품 사업 부문에 대해서 평가할 때, 딜러들이 수리용 부품에서 얻은 이익뿐만 아니라 딜러가 보낸 긴급 주문의 횟수에 대해서도 측정한다. 그 이유는 딜러가 어떤 부품을 갖고 있지 않으면 새턴이 그 부품을 다른 딜러로부터 옮겨 보충해주고 그 수송비를 부담하기 때문이다. 한 딜러에게 있는 특정 부품을 9개월 동안 아무도 구매하지 않으면 새턴이 그것을 사용불가 재고로 인정하여 되사들인다.

　이런 형태의 정렬은 두 가지 결과를 가져온다. 첫째, 공급망에 있는 모든 당사자들은 소비자들에게 최상의 서비스를 제공한다는 동일한 목적을 갖는다. 자동차산업에서 수리용 부품 재고이용도가 70~80%인 데 비해 새턴 딜러들의 수리용 부품 재고이용도는 92.5%이다. 다른 딜러들로부터 이전된 부분을 계산에 포함하면, 당일의 예비 부품 이용도가 실제로는 94%이다. 둘째, 재고 보충을 결정하는 권한은 그런 결정을 하기에 가장 좋은 자리를 차지하고 있는 새턴의 몫이다.

　새턴은 재고 품절이나 과잉 재고의 위험을 딜러와 공동으로 부담하므로 가능한 한 최선의 결정을 하는 것에 이해관계가 걸려 있다. 새턴 딜러들의 재고회전율(재고 관리가 얼마나 효율적인가를 재는 잣대로, 연간 판매된 재고의 비용을 평균 재고량으로 나누어 계산됨)은 연간 7회인 데 비해 다른 자동차 회사들의 딜러들의 회전율은 겨우 1~5회에 지나지 않는다.

새턴처럼 현명한 회사들은 여러 가지 방법으로 공급망 안에서 정렬을 만든다. 그들은 먼저 정보의 정렬로부터 시작하는데, 그렇게 함으로써 공급망 안에 있는 모든 회사들이 예측과 판매 데이터, 계획 등에 접속할 수 있는 동등한 기회를 갖는다. 다음으로 그들은 정체성을 정렬한다. 다시 말해 나중에 다툼의 여지가 없도록 제조업자는 각 파트너들의 역할과 책임을 명시해야 한다.

그런 다음 인센티브들을 정렬해야 하는데, 그렇게 되어야만 회사들이 수익을 극대화하려고 노력할 때 공급망의 실적 역시 극대화한다. 그렇게 되도록 보장하려면, 회사들은 공급망 파트너들이 현재 갖고 있는 인센티브들을 고려하여 그들이 앞으로 취할 가능성이 있는 행동을 예견하도록 노력해야 한다. 또한 가끔씩 그들이 가격을 인상하거나 새로운 시장으로 뛰어들 경우 경쟁자가 취할 대응 행동을 예견하는 일과 같은 분석들을 실시하기도 한다. 그들은 자사의 공급망 파트너들에 대해서도 똑같은 분석을 할 필요가 있다. 그 이후 전체 공급망에 최선인 것에 더 근접된 방식으로 파트너들이 행동할 수 있도록 인센티브들을 재설계해야 한다.

세븐일레븐재팬의 세 가지 에이스들

세븐일레븐재팬은 기민함과 적응성, 정렬을 바탕으로 공급망을 구축한 회사가 어떻게 경쟁자들을 앞서고 있는가를 보여주는 하나의 본보기

이다. 이 210억 달러 규모의 편의점 체인은 매우 낮은 재고 품절 비율을 유지하고 있으며, 2004년에는 재고회전율이 55회였다. 매출총이익율이 30%인 세븐일레븐재팬은 세계에서 가장 이익을 많이 내는 소매상들 가운데 하나이다. 9000개의 상점을 가진 소매상이 어떤 식으로 관리했기에 10년 이상 동안 그처럼 훌륭한 실적을 유지할 수 있었을까?

이 회사는 신속하게 또는 값싸게 인도하는 데 초점을 맞추지 않고 수요의 급변에 대응할 수 있도록 자사의 공급망을 설계했다. 회사는 고객의 선호도 변화를 간파하고 판매와 소비자들(성별 및 연령별)에 관한 자료를 추적할 수 있는 실시간 시스템들에 투자했다. 인터넷 시대가 시작되기 훨씬 전에, 세븐일레븐재팬은 모든 상점들을 배송센터들, 공급자들 및 유통 서비스 제공자과 연결시키기 위해 위성 접속과 종합정보통신망(ISDN) 라인들을 이용했다. 수집된 데이터를 활용해서 공급망은 상점들 사이의 수요 변동을 간파하고, 요구 사항의 변환 가능성을 공급자들에게 미리 경고하며, 상점들 사이에서 재고를 다시 할당하는 일을 돕고 회사가 제때에 상품들을 보충하도록 보장할 수 있게 되었다.

세븐일레븐재팬은 각 상점에 10분의 오차 범위 내에서 제품이 배달되도록 스케줄을 작성한다. 만약 어느 트럭 한 대가 30분 이상 늦으면, 그 수송인은 그 상점에 배달되는 제품의 매출총이익액과 똑같은 금액의 벌금을 물어야만 한다. 매장 전면의 진열 상태가 각기 다른 시간대에 상이한 소비자 계층과 수요에 맞추어 준비되도록 하기 위해 종업원들은 매일 적어도 세 차례씩 매장의 선반에 얹힌 상품들을 재배치한다.

세븐일레븐재팬은 오랜 시간에 걸쳐 공급자들을 자사의 전략에 적응시켜왔다. 몇 년 전에 전국 방방곡곡에 소매점을 세우는 대신 주요한 장소들에 집중적으로 매장을 열기로 결정했다. 그러나 그런 방침을 따르다

보니 회사가 매장들에 상품을 보충해줄 때마다 수송 차량들이 교통 체증에 시달릴 가능성이 커졌다. 세븐일레븐재팬이 하루에 3회 또는 그 이상의 횟수로 매장들에 상품을 보충해주기로 결정했을 때 문제는 더 심각해졌다.

교통 체증으로 인한 수송 지연 사태를 최소화하기 위해 회사는 자사의 배송 시스템을 적응시켰다. 회사는 같은 지역 안에 있는 자사의 공급자들에게 여러 대의 트럭을 운행하지 말고 한 대의 트럭에 상품들을 합쳐서 탑재하여 수송해달라고 요청했다. 그런 조처는 세븐일레븐재팬이 매장으로 배달될 상품들을 모아놓은 배송센터를 출입하는 트럭의 숫자를 최소화시켰다.

또한 사용하는 운송수단의 종류도 트럭에서부터 모터사이클, 보트, 심지어는 헬리콥터까지 다양하게 늘렸다. 세븐일레븐재팬의 배송 시스템의 효율성은 믿기 어려울 정도이다. 1995년 1월 17일에 고베에서 지진이 일어난 이후 6시간이 채 지나지도 않아 구조 차량들은 시속 2마일의 속도로 고속도로를 기어가고 있는 시각에 세븐일레븐재팬은 7대의 헬리콥터와 125대의 모터사이클을 이용해 6만 4000개의 주먹밥을 고베에 배달했다.

공급망 운영의 근간은 세븐일레븐재팬의 이해관계와 파트너들의 이해관계를 가깝게 정렬시키는 것이다. 동기를 불러일으키는 것과 의욕을 저해시키는 것은 명백하게 구분된다. "세븐일레븐재팬을 성공하도록 만들고 그에 따른 포상을 나누어 가져라. 정해진 시간 안에 배달하지 말고 벌금을 물어라." 그것이 가혹해 보일지 모르나 회사는 자사의 파트너들을 신뢰함으로써 그 등식의 균형을 잡는다. 예를 들면 수송인이 매장들에 상품을 배달하면, 아무도 트럭에 실린 내용물을 대조하거나 확인하지 않는다. 운전자는 상품을 부려놓은 다음에 더 이상 기다릴 시간적 여유가 없기 때문에, 확인하지 않는 관행은 수송인의 시간과 돈을 줄여준다.

세븐일레븐재팬은 사업의 기회를 포착하면 공급자들과 함께 제품을 개발하고 수익도 그들과 나누어 가진다. 예를 들면 2년 전에 세븐일레븐재팬은 여섯 파트너들과 함께 세븐드림닷컴(7dream.com)이라는 전자상거래 회사를 설립했다. 이 새로운 조직은 소비자들이 온라인이나 세븐일레븐재팬 매장들에 있는 키오스크(kiosk, 상점 안에 간이 칸막이가 된 별도의 판매장-옮긴이)를 통해 제품을 주문하고 세븐일레븐의 모든 매장에서 물건을 찾아갈 수 있도록 했다. 파트너들은 매장의 편리한 입지뿐만 아니라 매장들에 효율적으로 제품을 배달하는 세븐일레븐재팬의 배송망으로부터 생기는 혜택을 누린다.

자사의 매장들 안에 게임들이나 각종 표들, CD 등을 만들 수 있는 멀티미디어 키오스크를 설치하도록 파트너들의 용기를 북돋음으로써 세븐일레븐재팬은 파트너들을 위한 제조 겸업 소매점이 되었다. 회사는 파트너들의 이해관계를 자사의 이해관계에 더 이상 밀접할 수 없을 정도로 정렬했다.

내가 회사들에 트리플 에이 공급망을 설명했을 때 대부분의 회사들이 그 일에는 더 많은 테크놀로지와 투자가 필요하리라고 가정했다. 아무것도 진실로부터 더 이상 멀어질 수 없다. 대부분의 기업들은 이미 트리플 에이 공급망을 구축할 수 있는 인프라를 갖추고 있다. 그들에게 필요한 것은 자사의 공급망들이 가장 우수한(트리플 에이) 실적을 올릴 수 있도록 만들 수 있는 참신한 자세와 새로운 문화이다.

회사들은 효율성에 집착하는 마음가짐을 버려야 한다. 그런 사고방식은 역효과를 가져온다. 지속적으로 네트워크들을 변화시키려고 대비하라. 그리고 그들의 이해관계만을 살피지 말고 전체 공급망에 대해 책임을 져라. 그런 일들을 해낼 수 있는 테크놀로지들은 존재하지 않기 때문에 이 일이 회사들에는 도전적일 수도 있다. 관리자들만이 그런 일이 일어나도록 만들 수 있다.

:: 트리플 에이 공급망 구축하기

기민성
목적: 수요나 공급에서의 단기적 변동에 신속하게 반응하고, 외부 요인으로 발생된 혼란을 원활하게 처리.
방법
- 공급자들 및 고객들과의 정보의 흐름 촉진, 공급자들과의 협력적 관계 개발
- 유예를 위한 설계
- 값비싸지 않으나 주요한 요소들의 재고를 유지함으로써 완충 재고 비축
- 의존할 수 있는 배송 시스템이나 파트너 보유
- 비상 계획 수립 및 위기관리팀 개발

적응성
목적: 시장의 구조적 변환에 부응하기 위한 공급망 설계의 조정. 전략, 제품, 테크놀로지에 맞추어 공급망을 수정한다.
방법
- 새로운 공급기지와 시장을 찾아내기 위해 전 세계의 경제를 추적, 관찰
- 신규 공급자들과 유통 인프라를 개발하기 위해 중개인들 활용
- 직접 상대하는 고객들뿐만 아니라 최종소비자들의 니즈 평가
- 유연성을 지닌 제품 디자인 창안
- 테크놀로지의 주기와 제품의 수명주기 면에서 회사의 제품이 자리한 위치 결정

정렬
목적: 보다 나은 실적을 올리기 위한 인센티브를 창출한다.
방법
- 공급자들 및 고객들과 정보와 지식을 자유롭게 교환
- 공급자들과 고객들을 위해 역할과 임무, 책임 규정
- 개선 제안들로 인해 발생하는 위험과 비용, 이익을 균등하게 공유

:: 기민성의 중요성

대부분의 회사들은 공급망들이 기민해야 한다는 점을 가볍게 보아 넘긴다. 적응성과 정렬이 기민성보다 더 참신한 개념들이므로 그럴 만하기도 하다. 그러나 아무리 공급망이 적응적이고 정렬되어 있더라도 기민성을 무시하면 위태롭다.

1995년에 휴렛팩커드는 잉크젯 프린터를 설계하고 출시하기 위해 캐논(Canon)과 팀을 이루었다. 초기에는 이 미국 회사가 자사의 이해관계를 일본 파트너의 이해관계와 정렬시켰다. 휴렛팩커드는 인쇄 회로 기판, 즉 '포매터(formaters)' 생산을 책임진 반면 캐논은 레이저젯 시리즈의 처리기(엔진)를 제조하기로 합의했다. 그것은 책임의 균등한 분할이었고 두 회사의 R&D팀들은 긴밀하게 함께 작업하는 방법을 배웠다. 레이저젯을 출시한 직후, 휴렛팩커드와 캐논은 공급망을 제품 시장들에 재빨리 적응시켰다. 휴렛팩커드는 레이저젯을 뒷받침하기 위해 아이다호 주와 이탈리아에 있는 제조시설들을 활용했고 캐논은 웨스트버지니아 주와 도쿄에 있는 공장들을 가동했다.

그러나 휴렛팩커드와 캐논은 한 가지 문제를 예상하지 못했다. 원가 절감을 지속하기 위해, 휴렛팩커드가 사전에 충분한 시간적 여유를 주고, 가령 프린터가 시장에 나가는 시점으로부터 6개월 또는 그 이전에, 휴렛팩커드가 변경의사를 전달했을 경우에만 자사가 생산하는 처리기의 수량을 변경하기로 캐논이 동의했다. 그러나 휴렛팩커드는 자사의 프린터들이 시장을 석권하기 이전 3개월 이내의 수요 정도만 정확하게 예측할 수 있었다. 그런 단계에서, 캐논은 제조 스케줄을 겨우 몇 퍼센트만 수정할 수 있었다. 그 결과, 공급망은 수요의 갑작스런 변동에 대처할 수 없게 되었다.

그리하여 수명주기의 종말을 향해 치닫고 있던 레이저젯 III에 대한 예기치 못한 수요 하락이 발생하자 휴렛팩커드는 엄청나게 많은 값비싼 프린터 처리기의 잉여 재고(나중에 레이저젯산이라는 불명예스러운 이름이 붙은)를 떠안게 되었다. 적응이며 정렬된 공급망이 휴렛팩커드가 기민성의 결여를 극복하는 데 아무런 도움도 되지 못했다.

:: 최적자의 적응력

수많은 경영자들은 회사들이 정말로 공급망들을 계속 적응시켜야 하느냐고 눈을 반짝거리며 내게 묻는다. 회사들은 자신들이 계속 변화해야 된다는 견해를 수용하기가 무척 어렵다는 사실을 알게 될지도 모르나 달리 선택의 여지가 없다.

이를 루슨트를 통해 확인해보자. 1990년대 중반, 미국 원격 통신업계의 거물인 루슨트는 아시아 시장에 들어가려면 그 지역 안에 제조 설비를 가져야만 한다는 사실을 깨닫고 자사의 공급망을 철저히 정비했다. 루슨트는 대만과 중국에 공장들을 설립함으로써 경쟁자들인 지멘스(Siemens)와 알카텔(Alcatel)만큼 값싸고 신속하게 스위치들을 주문 생산할 수 있었다. 모회사와 자회사들의 이해관계를 정렬하기 위해 루슨트의 경영자들은 미국에서 선적하여 보낸 부품들의 인상된 가격을 이들 아시아의 회사들에는 적용하지 않았다. 1990년대 말에 이르러 루슨트는 중국과 대만, 인도, 인도네시아에서의 시장점유율을 되찾았다.

불행하게도 이야기는 거기서 끝나지 않는다. 루슨트가 자사의 공급망 적응시키기를 중단했기 때문이었다. 수많은 중간 규모의 제조업자들이 테크놀로지를 개발해서 디지털 스위치에 사용되는 부품들과 조립부품들의 생산이 전문화되었고, 게다가 대량생산이라는 규모의 경제에 힘입어 통합된 제조업자들이 부담하는 원가의 일부에 해당하는 적은 원가로 생산할 수 있었다. 미래에 자신들이 놓이게 될 입지를 깨닫게 된 경쟁자들은 과감하게 교환 시스템들의 제조를 아웃소싱하였다. 그 결과 나타난 원가 절감을 통해 그들은 루슨트보다 더 낮은 가격들을 제시할 수 있게 되었다. 그런 와중에도, 루슨트는 자사의 공장들에 투자했기 때문에 제조 작업을 아웃소싱하기를 주저하고 있었다. 그러나 결국 루슨트는 2002년 대만 공장을 폐쇄하고 아웃소싱에 의존하는 공급망을 만드는 것 이외에는 달리 선택의 여지가 없었다. 공급망이 기민하고 정렬되었음에도 불구하고 너무 늦게 적응했기 때문에 루슨트는 전 세계 시장을 석권할 수 없었다.

:: 비정렬의 한계

같은 공급망 안에 있는 각 회사들이 상이한 이해관계를 갖고 있다는 사실과 이해관계의 비정렬이 기민성의 결여나 적응성의 결여로 일어날 수 있는 것들만큼이나 끔찍한 재고 문제를 일으킬 수 있다는 사실을 경영자들이 인정하기는 그리 쉽지 않다. 하지만 시스코의 공급망 이야기를 들어보면 인정할 수밖에 없을 것이다.

1990년대 내내, 사람들은 시스코의 공급망이 거의 완벽하다고 생각했다. 시스코는 공급자들 및 고객들과의 의사 전달에 인터넷을 이용하고, 거래하는 파트너들 사이의 작업 흐름을 자동화했으며, 공급자들이 수작업 입력을 최소화하여 제품의 시험 결과를 전달할 수 있도록 만들어준 원거리 제품 시험 같은 솔루션을 사용한 최초의 회사들 가운데 하나였다. 시스코는 자사의 네트워킹 제품의 제조를 대부분 아웃소싱하였고, 자사의 니즈를 뒷받침하기에 적절한 입지를 선정하기 위해 계약 제조업자들과 긴밀하게 협조하며 일했다. 이제까지 기민하고 적응력을 지닌 공급망이 있었다면 바로 시스코의 공급망을 두고 하는 말이었다.

그렇다면 시스코가 2001년에 22억 5000달러에 달하는 재고를 상각 처리했던 이유는 무엇이었을까? 여러 가지 요인들이 작용했지만 시스코의 이해관계와 계약 제조업자들의 이해관계를 잘못 정렬했던 것이 가장 주된 원인이었다. 계약자들은 시스코 제품에 대한 수요를 고려하지 않고 수개월분의 수요에 해당하는 엄청난 재고를 축적했다. 심지어는 미국 경제의 성장이 더뎌졌을 때에도 계약자들은 생산을 계속했고 똑같은 속도로 재고를 쌓아갔다. 마침내 시스코는 수요가 급락하자 원자재 재고의 대부분을 사용할 수 없다는 사실을 알게 되었다. 결국 시스코는 원자재를 고철 값에 처분했다.

6

토요타 생산 시스템 유전자 판독하기

스티븐 스피어
Steven J. Spear

H. 켄트 바우언
H. Kent Bowen

요약 | 토요타 생산 시스템 유전자 판독하기

토요타 생산 시스템은 세상의 일반론과 모순되는 하나의 패러독스다. 토요타 공장에서의 모든 행동과 연결, 생산 흐름은 엄밀하게 기술되어 있는 반면, 토요타의 운영은 고객의 수요에 따라 엄청나게 유연하고 반응적이다. 그렇게 할 수 있는 이유는 무엇일까?

4년이라는 긴 기간에 걸쳐 40개 이상의 공장에 있는 시스템을 연구한 필자들은 토요타가 유연성을 발휘할 수 있었던 까닭은 바로 운영상의 강한 엄정성임을 이해하기에 이르렀다. 토요타는 규격을 결정할 때 항상 사후에 실제적인 행동을 통해 검증되는 하나의 가설을 세운다. 이런 과학적 접근 방법은 작업자들에게 강요되는 것이 아니라 습관처럼 그들의 몸에 배어 있다. 더욱이 이 접근 방법은 학습 기관의 초석으로 널리 인식되고 있는 일종의 실험에 작업자들이 참여하도록 자극한다.

토요타 생산 시스템은 50년 이상의 세월 동안 현장 작업을 통해 생성 발전되었고 실제로 문서로 만들어진 적은 없었다. 함축된 의미들을 명확하게 표현하기 위해 필자들은 토요타가 모든 작업을 실험처럼 하고, 작업자들에게 과학적 방법을 어떻게 가르치는지 보여주는 네 가지 원칙들을 열거한다. 첫째, 작업자들의 작업 방법을 규제한다. 둘째, 작업자들의 상호작용 방식을 규제한다. 셋째, 생산 라인의 구축 방법을 규제한다. 넷째, 사람들이 개선에 관하여 배우는 방법을 규제한다.

이런 원칙들에 따라 설계된 모든 행동과 연결, 생산 경로는 문제점을 즉시 경보해주는 미리 짜맞추어진 검증 과정을 갖추고 있어야 한다. 이렇게 엄정해 보이는 시스템이 변화하는 환경에 그처럼 유연하고 적응적일 수 있도록 만드는 것은 그런 문제점들에 대한 지속적인 반응을 보이기 때문이다.

토요타 생산 시스템 유전자 판독하기

엄정한 규격 그 자체에 답이 있다

　토요타 생산 시스템은 토요타가 제조업자로서 탁월한 업적을 세우게 된 근원이라는 칭송을 오랫동안 받아왔다. 이 시스템 특유의 관행들, 예를 들어 간반(看板)카드(공정 간 재고를 최소화하기 위해 간반이라 부르는 카드를 이용하는 토요타의 생산관리 방식으로, 후공정에 대해서는 납품서, 전공정으로 되돌려 보낼 때에는 발주서로 사용된다 - 옮긴이)와 품질 서클 같은 관행들은 여러 곳에서 널리 소개되었다. 실제로 세계 최고의 제조사들인 GM, 포드, 크라이슬러를 벤치마크하려는 그들 자체의 내부적 노력의 결과 토요타다운 생산 시스템을 개발하기 위한 주요한 제안들이 독자적으로 창출되었다. 항공우주산업과 소비재 제품, 금속 가공, 생산재 제품 같은 다양한 분야의 회사들이 토요타 시스템을 차용하고자 했다.
　토요타가 자사의 관행을 이상하리만치 공개적으로 보여주었음에도 불구하고 토요타를 성공적으로 모방할 수 있게 된 회사는 불과 소수에 지나지 않는다. 수천 개 회사들의 수많은 경영자들이 일본과 미국에 있는 토요타의 공장들을 방문하였다. 토요타의 성공을 그대로 복제할 능력이 없음을 알고 좌절한 수많은 방문객들은 토요타가 성공을 거두게 된 비밀은 이 회사의 문화적 뿌리에 숨겨져 있다고 확신했다.

그러나 그것은 잘못된 판단이다. 닛산과 혼다 같은 다른 일본 회사들은 토요타의 표준들에 훨씬 못 미친다. 게다가 토요타는 올해에 100만 대 이상의 승용차와 미니밴, 소형 트럭들을 생산한 북미 대륙을 포함한 전 세계에 자사의 생산 시스템을 성공적으로 도입했다.

그렇다면 토요타 생산 시스템을 판독하기가 그처럼 어려웠던 이유는 무엇이었을까? 관찰자들이 공장을 방문할 때 보는 도구들 및 관행들을 시스템 그 자체인 양 혼동하기 때문이라는 것이 그 대답이다. 이로 인해 관찰자들은 토요타 생산 시스템이 갖는 명백한 패러독스, 즉 토요타 공장 안에서의 행동과 연결, 생산 흐름은 엄밀하게 규정되어 있지만 동시에 토요타의 작업은 엄청나게 유연하며 적응적이라는 점을 깨닫지 못한다. 행동들과 공정들은 보다 높은 수준의 실적을 거두도록 끊임없이 도전받고 추진되어서 결국 회사가 지속적으로 혁신하고 개선할 수 있도록 만든다.

토요타의 성공을 이해하려면 그 패러독스의 본질을 밝혀내야 한다. 다시 말하자면 엄정한 규격 그 자체가 바로 유연성과 독창성의 발휘가 가능해지도록 만드는 것임을 알아야만 한다. 어떤 곳은 시스템에 따라 작업하고 어떤 곳은 그러지 않는, 미국과 유럽, 일본에 있는 40개 이상의 공장에서 내부 작업들을 조사하는 일을 마다하지 않았던 4년 동안의 토요타 생산 시스템에 관한 광범위한 연구 끝에 깨닫게 된 결론이 바로 그것이다.

우리는 미리 조립된 하부 차대, 자동차 부속품, 최종적인 자동차 조립품, 휴대전화, 그리고 컴퓨터 프린터부터 사출 성형 플라스틱 및 알루미늄 압출 성형품들에 이르는 다양한 제품들을 제조하는 별개의 제조업자들을 공정과는 별도로 연구했다. 또한 일상적인 생산 작업뿐만 아니라 장비 정비와 작업자 훈련·감독, 배송·물자 취급, 공정 설계·재설계 같은 서비스 직능들에 관해서도 연구했다.

토요타 생산 시스템이 하나의 과학자 공동체를 만든다는 사실을 이해하는 것이 외부인들에게는 관건이었다. 토요타는 규격을 만들 때마다 나중에 검증될 수 있는 일련의 가설들을 세운다. 다시 말해 토요타는 과학적 방법을 따른다. 어떤 변화를 이루기 위해 토요타는 벌어진 사건의 현상에 관한 상세한 평과와 개선 계획, 즉 실제 이루어진 변화 제안의 실험적 검증 결과가 필요한 엄밀한 문제 해결 과정을 활용한다. 그런 과학적인 엄밀함을 갖추지 못한 채 이루어진 변화는 토요타에서는 거의 찾아보기 힘들다.

토요타에서는 과학적 방법이 몸에 배어 있다는 사실이 고도의 규격과 회사 내의 체계가 사람들이 기대하는 만큼의 명령과 통제 환경을 조장하지 않는 이유를 설명해준다. 실제로 사람들이 작업하는 것을 지켜보면서 그리고 생산 공정 설계를 도와주면서, 우리는 그 시스템이 교육 기관의 초석이라고 널리 알려진 그런 부류의 실험 작업에 참여하도록 작업자들과 관리자들을 장려한다는 사실을 알게 되었다. 그것이 바로 토요타를, 우리가 연구했던 모든 다른 회사들과 차이가 나도록 만드는 요인이었다.

토요타 생산 시스템과 그것을 떠받치는 과학적 방법은 토요타 사람들에게 강요되지 않았고 심지어는 의식적으로 선택되지도 않았다. 그 시스템은 50년 이상 생산 활동을 해오는 과정에서 자연발생적으로 형성, 발전되었다. 그 결과, 그것은 문서로 기록되지 않았으며 심지어 토요타의 작업자들조차 그것을 명확하게 표현할 수 없는 경우도 종종 있다. 그것이 바로 외부인들이 토요타 시스템을 파악하기 힘든 이유였다.

이 글에서, 우리는 토요타의 시스템이 어떻게 작동하는지를 풀어내고자 한다. 우리는 네 가지 원칙들을 기술했는데, 그 가운데 세 가지는 설계의 원칙들로서 토요타가 모든 작업을 실험으로 설정하는 방법을 보여준다. 나머지 하나는 개선의 원칙으로서 토요타가 조직의 각 계층에서 일하는 사람들에게 과학적 방법을 어떻게 가르치는지를 설명해준다. 우리의 판단으로는, 토요타 시스템의 요체를 형성하는 것은 사람들이 공장을 방문했을 때 보았던 특수한 관행들과 도구들이 아니라 이 네 가지 원칙들이다. 그것이 바로 우리가 이 원칙들을 토요타 생산 시스템의 유전자라고 생각하는 이유이다. 지금부터 이 원칙들을 자세하게 살펴보겠다(요약을 원하면, 이 글의 마지막에 있는 '네 가지 원칙들' 과 표 6-1 '토요타 생산 시스템의 실험들' 을 참조하기 바란다).

원칙 1: 작업 활동 수행 방법

토요타의 관리자들은 사소한 것들이 일을 그르친다는 사실을 인지하고 있다. 그렇기 때문에 모든 작업에는 내용과 순서, 타이밍, 결과에 관한 사항들이 자세하게 명시되어 있다. 예를 들면 자동차의 시트를 장착할 때, 모든 볼트들은 동일한 순서로 조여지는데 각 볼트를 돌리는 작업에 소요되는 시간도 명시되어 있다. 그 볼트를 끼워서 조여야 하는 토크의 경우도 마찬가지이다.

생산 작업자들의 반복적인 동작들뿐만 아니라 직원들의 직능상 특수

표 6-1 토요타 생산 시스템의 실험들

조직들이 네 가지 원칙들에 따라 관리될 때 개인들은 개인적인 작업 활동들과 고객-공급자 연결, 경로, 개선 노력 등의 설계에 미리 반영된 가설들에 대해 반복적으로 실험을 실시하고 현장 작업에서 검증한다. 가설들과 검증 방법, 부정되었을 때의 반응 등을 요약하면 다음과 같다.

원칙	가설	문제의 징조	반응
1	개인 또는 기계가 명시된 대로 행동할 수 있음.	명시된 대로 행동이 수행되지 않음.	개인의 진정한 기술 수준이나 기계의 참된 능력을 확정하고 적절하게 훈련 또는 수정함.
	명시된 대로 행동이 이루어졌다면 재화나 서비스에 결함이 없음.	생산품에 결함이 있음.	설계 행동을 수정함.
2	재화 및 서비스에 대한 고객들의 요구는 특수한 믹스와 수량으로 나타날 것임.	반응이 요구에 보조를 맞추지 못함.	수요의 진정한 믹스 및 수량과 공급자의 진정한 능력을 확정함. 행동을 지속, 수정 또는 고객-공급자 짝들을 적절하게 재배치함.
	공급자가 고객의 요구들에 반응할 수 있음.	공급자가 요구를 기다리며 빈둥거림.	
3	흐름 경로에 연결된 모든 공급자들이 필요함.	사람이나 기계가 실제로 필요치 않음.	공급자가 필요치 않았던 이유를 확정하고 흐름 경로를 재설계함.
	흐름 경로에 연결되지 않은 공급자는 필요 없음.	명시되지 아니한 공급자가 중간재 또는 서비스를 제공함.	명시되지 아니한 공급자가 실제로 필요했던 이유를 알아내고 흐름 경로를 재설계함.
4	행동이나 연결, 흐름 경로에서의 특수한 변경은 원가, 품질, 리드타임, 배치 크기 또는 안전도를 상당히 개선할 것임.	실제적인 결과가 예상했던 결과와 다름.	행동들이 실제로 행해졌던 방법이나 연결 또는 흐름 경로가 실제로 작동되었던 방법을 알아냄. 변화의 진정한 효과를 확정함. 변화를 재설계함.

성이나 위계상 역할에 상관없이 모든 사람들의 행동에 이러한 정확성이 요구된다. 모든 행동이 명확하게 규정되어야 할 필요성이 이 시스템에서 말로써 표현되지 않은 첫 번째 원칙이다. 솔직히 말하면 이 원칙은 단순

해 보여서 모든 사람들이 이해하고 쉽게 따를 수 있으리라고 기대할 만한 것이다. 그러나 현실적으로는, 토요타와 그 파트너들을 제외한 외부 회사에서 일하는 관리자들의 대부분은, 자신들이 그렇게 하고 있다고 생각할 때조차도 작업 설계와 실행 과정에서 이 접근 방법을 사용하지 않는다.

전형적인 미국의 자동차 공장에서 앞쪽의 탑승자 시트를 장착할 때 작업자들이 사용하는 방식을 살펴보자. 그들은 종이 상자에서 4개의 볼트를 꺼내어 토크 렌치와 함께 들고 자동차로 가서 4개의 볼트를 조이고 난 뒤 아무런 문제없이 작업을 완료했음을 알리는 코드를 컴퓨터에 입력한다. 그런 뒤에 다음 자동차가 도착하기를 기다린다. 새로 들어온 작업자들은, 대개 해야 할 일을 실제로 시범을 보이면서 가르치는 숙련된 작업자들로부터 훈련을 받는다. 신참 작업자가 볼트를 충분히 조이지 못하거나 컴퓨터에 코드를 입력하는 것을 잊어버리거나 하는 문제들을 해결하도록 도와주기 위해 숙련된 작업자가 한 사람쯤 있을 것이다.

도대체 무엇이 잘못되었다는 말인가? 문제는 그런 작업명세들이 종업원들이 일하는 방식에서 실제로 상당한 차이를 가져올 수 있고 심지어는 그런 차이가 발생하도록 조장한다는 점이다. 아무도 깨닫지 못하는 사이에, 신참 작업자는 숙련된 작업자가 하는 것과는 다르게 자동차에 시트를 장착할 수 있는 여지가 많다. 어떤 작업자들은 뒤쪽의 볼트를 조인 뒤에 앞쪽의 볼트를 조이고 다른 작업자들은 반대 순서에 따라 그 일을 할 것이다. 어떤 작업자들은 각각의 볼트들을 모두 끼워놓고 한꺼번에 조이고 어떤 작업자들은 볼트 하나를 끼우고 조인 뒤에 다른 볼트를 끼우고 조이는 식으로 일할 것이다.

이런 차이들이 모두 합쳐져 더 나쁜 품질과 더 낮은 생산성, 보다 높은 원가로 나타난다. 이러한 차이들이 작업 수행 방법과 그 결과 사이의 연결 고리를 은폐하므로 조직의 학습과 개선마저 가로막는다는 사실이 더 중요하다.

토요타 공장들에서는, 작업자들이 (신참과 고참, 평사원과 감독직 모두) 어떤 특정 업무를 수행하기 위해서는 잘 정의된 단계별 순서를 따르기 때문에 작업명세를 벗어나면 금세 명백하게 나타난다. 켄터키 주 조지타운에 있는 토요타 공장의 작업자들이 캠리(Camry)의 오른쪽 앞 시트를 장착하는 것을 살펴보자.

작업은 순서를 따라 일곱 가지 임무가 수행되도록 설계되어 있으며, 자동차가 미리 정해진 일정한 속도로 작업자의 지역을 통과하는 동안에 각각의 임무는 55초 안에 완료되도록 예상되어 있다. 가령 생산 작업자가 자신이 4번 임무(앞쪽 시트 볼트 장착)에 앞서 6번 임무(뒤쪽 시트 볼트 장착)를 수행하고 있음을 알아차리면 그 작업이 실제로는 설계된 것과 다르게 수행되고 있으며, 이는 뭔가 잘못되고 있음을 알려주는 것이다.

이와 유사하게, 작업자가 31초 이후에는 완료되었어야 하는 4번 임무에 40초가 지난 뒤에도 여전히 매달려 있다면 그것 역시 잘못된 일이다. 문제 추적을 보다 단순하게 만들기 위해, 각 작업 지역의 바닥 길이는 10등분되어 표시되어 있다. 그래서 만약 작업자가 바닥에 표시된 10분의 6지점의 선을 지나는데도 (즉 그가 그 일을 시작한지 33초가 지났음을 뜻한다) 여전히 4번 임무에 매달려 있다면 그와 그의 팀 리더는 그가 뒤처졌음을 안다. 그 차이가 즉시 명백하게 드러나기 때문에 작업자와 감독자는 그 문제를 바로잡기 위해 즉각 움직일 수 있고 작업명세를 어떻게 바꿀 것인지 또는 그 작업자가 똑같은 잘못을 되풀이하지 않도록 어떻게 재훈련시킬 것인지를 결정한다(이 글의 마지막에 있는, 작업자들이 작업을 이 방식으로 설계하는 방법을 학습하는 과정을 간략하게 기술한 '토요타 작업자들의 원칙 학습 방법' 참조).

　새로 세워진 공장에서 미숙한 작업자를 훈련시키거나, 새로운 모델을 출시시키거나, 생산 라인을 변경하거나 장비를 공장 안의 한 곳에서 다른 곳으로 이전하는 따위의 복잡하고 아주 드문 활동들도 이 원칙에 따라 설계된다. 예를 들면 일본에 있는 토요타의 공급자들 가운데 한 곳에서 어떤 제품의 수요 변동에 맞추어 새로운 생산 라인을 만들려고 장비를 공장의 한 지역에서 다른 지역으로 이전했는데, 기계를 옮기는 작업은 열네 가지의 별도 행동으로 세분화되어 있었다. 각각의 행동은 다시 더 세분화되어 일련의 임무들로 설계되었다. 특정한 사람이 특정한 순서에서의 각 임무에 배정되었다. 각각의 기계들이 옮겨질 때, 실제로 수행한 임무는 원래의 설계에 의해 예상했던 것과 비교되었고 일치하지 않으면 즉시 경보가 울렸다.

　사람들을 아주 세밀하게 명시된 단계별 순서에 따라 작업을 수행하도록 함에 있어서, 원칙 1은 그들이 직접 행동을 통해 가설들을 검증하도록 강제한다. 행동 수행은 설계에 함축되었던 두 가지의 가설을 검증한다. 첫째, 그 행동을 하는 사람은 그 일을 정확하게 수행할 수 있는 능력을 지녔으며, 둘째, 그 행동 수행이 실제로 예상하는 결과를 만든다는 가설이다.

　앞서 예로 든 시트 장착 작업자가 명시된 소요 시간 안에 명시된 방법으로 시트를 집어넣을 수 없다면 그는 분명히 두 가지 가설들 가운데 적어도 하나를 부정하고 있는 것이며, 이는 행동이 재설계될 필요가 있거나 그 작업자가 재훈련되어야 함을 가리킨다.

원칙 2: 사람 연결 방법

원칙 1이 사람들의 개인적인 작업 활동을 수행하는 방법을 설명한다면, 원칙 2는 그들이 서로 연결하는 방법을 설명한다. 우리는 이 원칙을 이렇게 표현한다. 포함된 사람들과 제공되어야 할 재화 및 서비스의 형태와 수량, 각 고객들로부터 요청이 이루어지는 방법, 그 요구가 충족되어야 하는 예상 시간 등을 명료하게 상술함으로써 모든 연결은 표준화되고 직접적이어야 한다는 원칙이다.

원칙 2는 각 개인들과 그 사람에게 각각의 특정 재화 또는 서비스를 제공할 책임을 지고 있는 개인 사이에 공급자-고객 관계를 만든다. 그 결과, 누가 무엇을 누구에게 언제 제공하느냐를 결정함에 있어 애매한 부분이 없다. 한 작업자가 부품들을 청구했다면 공급자나 필요한 단위 숫자, 인도 시기 등에서 혼동이 일어나지 않는다. 이와 유사하게, 한 사람이 도움을 필요로 한다면 누가 도와줄 것인지 그 도움을 어떤 방법으로 시작할 것인지, 어떤 서비스가 제공되어야 하는지에 관해 혼동이 일어나지 않는다.

여기에서 우리의 관심을 불러일으키는 실질적 문제는 토요타에서는, 다른 회사들에서 사람들이 하는 것과는 다르게 서로 영향을 미치느냐는 것이다. 시트 장착 작업자의 사례를 다시 들어보겠다. 그가 새로운 한 상자분의 플라스틱 볼트 덮개가 필요하다면 그는 볼트 덮개 공급자로 지정된 자재 취급자에게 발주서를 보낸다. 통상적으로 그런 발주는 간반이라고 부르는, 비닐을 덧씌운 카드에 부품의 식별 번호, 상자 속에 든 부품의 수량, 부품 공급자 및 그것을 장착할 작업자(고객)의 위치 등을 기입함으로써 이루어진다. 토요타에서는 간반카드와 안돈 게시판(andon cords, 공정 중에 대기하고 있는 자동차들을 말하는 토요타의 용어로 문제 발생 시 감지 신호이다 – 옮긴이) 같은 여타의 장치들이 공급자들과 고객들 사이의 직접적인 연결을 만든다.

그들은 세심하게 고려하고 집행하기 때문에 마치 올림픽에서 최고의 성적을 거둔 계주팀들이 배턴을 넘기듯이 막힘없이 연결이 이루어진다. 예를 들면 어느 특정 구역에서 돌아다니고 있는 상자의 숫자와 한 상자 안에 들어 있는 부품의 숫자는 거리와 전환 시간 등등의 생산 시스템의 물리적 현실성에 의해 결정된다. 마찬가지로, 팀당 작업자의 숫자는 발생하리라고 예상되는 문제들의 형태들과 팀 구성원들이 필요로 하는 도움의 수준, 팀 리더의 숙련도 및 능력에 의해 결정된다.

다른 회사들은 사람들을 조화시키기 위해 상당한 자원들을 투자하지만 그들의 연결은 대체적으로 그리 직접적이지 못하고 명료하지도 않다. 대부분의 공장들에서 자재나 도움 요청이 생산 라인에서 일하는 작업자로부터 중개자를 거쳐서 공급자들에게로 전해지는 복잡한 경로를 통해 이루어지는 경우가 종종 발생한다. 특정한 사람이 지정되어 있지 않기 때문에 감독자는 모든 이의 도움 요청에 응대할 수 있다. 토요타가 인식했듯이, 이런 접근 방법의 불리한 점은 어떤 일이 모든 사람의 문제일 경우에는 그것이 누구의 문제도 아니라는 점이다.

사람들이 특정 시간 안에 공급 요구에 반드시 반응해야 하는 것은 나아가 오차 발생의 가능성을 줄인다. 특히 서비스 요청의 경우에는 그런 사실이 두드러지게 나타난다. 문제에 직면한 작업자는 즉시 도움을 요청하도록 되어 있다. 그럴 땐 미리 지정된 조력자가 즉각 반응하여 그 작업자의 작업주기 시간 이내에 문제를 해결한다. 가령 그 작업자가 앞쪽의 시트를 55초마다 하나씩 장착하고 있다면 도움 요청은 55초 이내에

응답 · 처리되어야만 한다.

만일 그 문제가 55초 이내에 해결될 수 없다면 그런 실패로 인해 이런 도움을 위한 고객-공급자 연결에 사용된 가설들은 즉각적인 도전을 받게 된다. 혹시 도움 요청 신호가 애매했었나? 혹시 지정된 조력자가 다른 요청들이 너무 많아 바빴던지 아니면 그가 그 문제를 해결할 수 있는 능력을 지니지 못했나? 이런 식으로 가설들을 끊임없이 검증함으로써 시스템의 유연성을 유지하여 시스템의 지속적 · 건설적 조정이 가능하도록 만든다.

즉각적인 도움 요청의 필요성에 관한 놀라운 사실은, 도움을 요청하기 전에 스스로 자신이 맞닥뜨린 문제를 해결하기 위해 노력하라고 평소에 작업자들을 독려해왔던 관리자들에게는 이런 도움 요청이 종종 평소의 행동 지침에 어긋난다는 것이다. 그러나 그렇게 되면 문제들은 은폐되어 회사 전체 입장에서 볼 때 다른 사람은 알지도 못하고 해결도 되지 않은 채 남아 있게 된다. 작업자들이 문제를 스스로 해결하려고 하고 문제가 도움을 요청할 정도로 커졌다고 생각되는 순간을 자의적으로 결정한다면 상황은 더욱 나빠진다. 문제들이 산더미처럼 쌓이고 시간이 훨씬 지난 뒤에야 겨우 해결된다면 그때쯤에는 그 문제의 실질적인 원인에 관한 정보들을 잃어버릴 수도 있다.

원칙 3: 생산 라인 구축 방법

토요타의 모든 생산 라인들은 모든 제품과 서비스가 단순하고 명시된 하나의 경로를 따라 흐를 수 있도록 설치된다. 생산 라인이 눈에 드러날

만큼 분명하게 재설계되지 않는 한 그 경로는 변경될 수 없다. 그러면 원칙적으로 토요타의 공급망 어느 곳에서도 그 흐름을 뒤엉키게 만드는 사람이나 올가미가 없게 된다. 그것이 원칙 3이다.

그것이 뜻하는 바를 명확하게 이해하기 위해 다시 시트 장착 작업자의 예를 들어보겠다. 그는 더 많은 플라스틱 볼트 덮개들이 필요하면 자기에게 볼트 덮개를 제공할 책임을 지고 있는 특정 자재 취급자에게 볼트 덮개들을 주문한다. 그러면 자재 취급자는 공장 안에 점포를 갖고 있는 자신의 지정 공급자에게 요청서를 보내고 그 요청서를 받은 공급자는 볼트 덮개 공장 야적장에 있는 자신의 지정 공급자에게 요청한다. 이런 식으로, 생산 라인들은 토요타 공장으로부터 주물 회사를 거쳐 심지어는 플라스틱 입상체 제조자에 이르기까지 생산과 제품 인도에 기여하는 모든 사람들을 연결한다.

생산 라인들이 원칙 3에 따라 설계되었을 때는 재화와 서비스가 다음 단계에 있는 사람이나 기계로 흘러가지 않고 특정한 사람이나 기계로 흘러간다는 것이 요체이다. 만약 어떤 이유로 말미암아 그 특정한 사람이나 기계를 이용할 수 없다면, 토요타는 그 현상을 라인의 재설계를 요하는 문제점으로 간주하게 될 것이다.

그러나 모든 제품이 단순하고 사전에 명시된 하나의 경로를 따라야 한다는 요구는 각 경로가 오직 하나의 특정 제품에만 사용되어야 한다는 뜻이 아니다. 오히려 정반대다. 즉 토요타 공장의 각 생산 라인은 전형적으로 다른 회사들의 생산 라인들보다 훨씬 많은 형태의 제품들을 수용한다.

원칙 3은 제품에만 제한적으로 적용되지 않고 도움 요청 같은 서비스에도 마찬가지로 적용된다. 예를 들면 시트 장착 작업자가 도움이 필요하다면 명시된 한 공급자로부터 도움을 받는다. 그리고 그 공급자가 필요한 도움을 줄 수 없을 경우에는 그다음 차례로 지정된 조력자가 있다. 어떤 토요타 공장에는 이런 도움을 위한 경로가 셋, 넷, 혹은 다섯 단계로 길게 이어져 공장의 현장 작업자와 공장장을 연결한다.

또한 원칙 3은 생산 라인들과 자원의 공동 관리에 관한 전통적인 지혜에 반대되는 방향, 심지어는 토요타 생산 시스템이 일을 해내는 방법이라고 대부분의 사람들이 생각하는 것과 반대 방향으로 나아간다. 알려진 바에 따르면, 제품이나 서비스가 생산 라인을 따라 지나갈 때는 바로 다음에 위치하여 공정을 더욱 진척시킬 수 있는 기계나 사람에게 가야만 한다.

이와 유사하게, 대부분의 사람들은 특정한 사람이 아니라 가장 먼저 이용될 수 있는 사람으로부터 도움이 이루어져야 한다고 가정한다. 예를 들면 우리가 연구했던 한 자동차 부품 공급자의 경우, 부품의 대부분을 하나 이상의 압인기로 압인할 수 있었고, 하나 이상의 용접 작업장에서 용접할 수 있었다. 이 회사가 토요타 시스템을 채택하기 이전에는, 각 부품은 맨 처음 사용 가능한 압인기와 맨 처음 사용 가능한 용접기로 보내졌다. 토요타의 지도를 받아 공장을 개조한 이후에는 각 형태의 부품은 단지 하나의 생산 경로를 따라 공장 안을 돌아다녔다.

각각의 경로가 명시되도록 요구함으로써, 이 원칙은 그 경로가 사용될 때마다 매번 실험이 이루어질 수 있도록 보장한다. 원칙 3에 따라 설계된 경로의 밑바탕에 있는 가설은, 경로에 연결된 공급자는 필요하고 경로에 연결되지 않은 공급자는 불필요하다는 것이다. 자동차 부품 공급자의 공장에서 일하는 작업자들이 생산을 다른 기계 혹은 다른 용접 작업장에서 하고 싶어 한다거나 그들이 도움 요청의 대상을 지정된 조력자들이 아닌 다른 사람들에게로 돌리기 시작했다면, 그들은 자신들의 실제적 요구나 능력이 기대에 미치지 못한다는 결론을 내렸을 것이다. 그리고 어느 압인기 또는 용접 작업자가 포함되었는지에 관해 불명료한 점 또한 없을 것이다. 작업자들은 자신들의 생산 라인 설계를 다시 살펴볼 것이다. 따라서 원칙 1, 2와 마찬가지로 원칙 3은 토요타가 실험을 진행하고 유연성과 반응성을 계속 지닐 수 있도록 해준다.

원칙 4: 개선 방법

문제들을 확인하는 일은 첫 단계일 뿐이다. 사람들이 끊임없이 효율적인 변화를 만들기 위해서는 어떻게 바꿀 것인지와 그런 변화를 만들 책임이 누구에게 있는지를 알아야만 한다. 토요타는 사람들이 개인적인 경험을 통해 정확하게 배우기를 기대하지 않고 그 대신에 어떻게 개선해야 하는지를 명확하게 가르친다. 그 결과 개선을 위한 원칙이 자리 잡게 되었다.

특히 원칙 4는 생산 활동이나 작업자들 및 기계들 사이의 연결 또는 경로들에 관련된 개선은 선생의 지도를 받아 과학적인 방법에 따라 가능한 한 조직의 최하위 계층에서 이루어져야 한다고 요구한다. 토요타에서 일하는 사람들이 어떻게 과학적 방법을 학습하는지부터 살펴보자.

개선 활동 학습하기

1986년에, 자동차산업에서 사용되는 연쇄 전동 장치 같은 구조가 복잡한 제품들을 만드는 토요타 그룹에 속한 아이신세이키(Aisin Seiki)가, 자사의 한 공장에서 초과 능력을 흡수하는 매트리스를 제조하기 위해 라인 하나를 만들었다. 1986년 이후, 생산하는 매트리스의 종류는 200종에서 850종으로 늘어났고 1일 생산량도 160장에서 550장으로 늘어나 생산성이 2배로 증대되었다. 그들이 어떻게 그 일을 해냈는지 보여주는 사례가 있다.

우리는 이 공장을 여러 차례 방문하였는데, 한 번은 자신들의 작업을 재설계함으로써 문제 해결 기술 향상 방법을 배우고 있는 매트리스 조립 작업자팀을 연구했다. 처음에는 작업자들에게 자신들의 표준화된 작업만 수행할 책임이 주어졌을 뿐 문제 해결에 대한 책임은 주어지지 않았다. 얼마 후 그들이 문제점들을 더 잘 파악하고 가설들을 구체화하고 검증하도록 훈련시킬 리더가 작업자들에게 배정되었다. 그 리더는 그들의 팀이 하는 작업을 처음 세 가지 원칙들에 따라 설계하는 데 과학적 방법을 어떻게 사용하는지를 가르쳤다.

그 결과는 인상적이었다. 예를 들면 그 팀이 성취한 일들 가운데 하나는 매트리스에 가장자리 테이프를 부착하는 방법을 재설계한 것이었는데, 그 일을 통해 하자 발생률을 90%나 감소시켰다(표 6-2 '아이신세이키 매트리스 공장에서의 요구에 맞춘 생산' 참조).

변화를 이루기 위해 사람들은 가설의 명확한 논리를 제시하기를 기대한다. 그것이 무엇을 포함할 수 있는지를 살펴보자. 토요타공급자지원센터의 총지배인인 오바 하지메는 토요타공급자지원센터의 컨설턴트들 가운데 한 사람이 훈련과 개선 활동을 이끌고 있는 한 공장을 방문하고 있었다(토요타 생산 시스템 촉진 센터들의 역할을 기술한 것을 보려면 이 글의 마지막에 있는 '토요타의 학습 실행'을 참조하기 바람). 그 컨설턴트는 한 특수 라인 제조 작업에서의 리드타임을 줄이기 위해 공장 종업원들과 감독자들을 돕고 있었고, 오바는 그 그룹의 진척 상황을 평가하기 위해 그곳에

표 6-2 아이신세이키 매트리스 공장에서의 요구에 맞춘 생산

아이신세이키는 크기와 견고성, 표면 직물, 누비질 패턴, 가장자리 장식의 차이에 따라 구분되는 850종의 다양한 매트리스를 생산한다. 고객들은 소매점에서 이들 제품들 중 어느 것이나 주문할 수 있으며 주문품은 3일 이내에 고객으로 집으로 배달된다. 그래도 아이신세이키는 1.5일분의 수요에 해당되는 수량을 공장에서 재고로 유지한다. 이를 위해 개개인의 작업 행동뿐만 아니라 중간재 및 서비스 공급자들과 고객들의 연결에서, 그리고 전체 생산 라인들에서 수천 가지에 달하는 변화를 이루어냈다. 다음 표는 그런 변화가 얼마나 놀라운 결과를 가져왔는지를 보여준다.

연도	1986	1988	1992	1996	1997
스타일	200	325	670	750	850
1일당 매수	160	230	360	530	550
1인당 매수	8	11	13	20	26
생산성 지수	100	138	175	197	208
완제품 재고(일수)	30	2.5	1.8	1.5	1.5
조립 라인의 수	2	2	3	3	2

와 있었다.

그룹 구성원들이 자신들의 제품이 생산되는 단계를 설명하는 것으로 프레젠테이션을 시작한 뒤, 한 부분을 만든 다음에 다른 부분을 만들기 위해 기계를 전환하는 과정에서 그들이 처음 연구했을 때 확인했던 모든 문제점들을 열거하고, 각각의 문제점들에 대응하기 위해 자신들이 해냈던 특수한 변화들을 설명했다. 그들은 이런 말로 결론을 대신했다. "우리가 처음 시작했을 때에는 전환 작업에 15분이 소요되었습니다. 우리는 배치(batch, 일괄작업) 크기를 3분의 1로 줄일 수 있도록 전환 소요 시간을 3분의 2 정도 줄이기를, 그러니까 5분 내 전환 완료를 희망했습니다. 우리가 했던 수정 작업 덕분에 전환 소요 시간을 7분 30초(2분의 1로 단축)로 단축하는 데 성공했습니다."

프레젠테이션이 끝나자 오바가 그룹 구성원들에게 처음에 세운 5분 목표를 달성하지 못했던 이유를 묻자 그들은 약간 당황했다. 결국 그들은 전환 시간을 50%나 줄였으나, 오바의 질문은 그들이 놓친 보다 큰 개선의 기회를 그가 보았음을 암시했다. 그들은 기계의 복잡성과 기술적 어려움, 장비 개량 비용 등에 관해 설명했다. 오바는 이런 대답들에 대해 더 많은 질문들을 던졌는데, 그 이면에는 어떤 것은 변화될 수 있고 어떤 것은 변화될 수 없다는 그들의 가장 기본적인 가정들, 즉 그들의 문제 해결을 이끌고 동시에 제한했던 가정들을 컨설턴트와 공장 사람들이 명확하게 밝히고 도전하도록 밀어붙이려는 의도가 숨어 있었다.

그들은 4개의 볼트가 필요하다고 확신하는가? 2개만으로도 전환 작업을 완료할 수 있지 않을까? 그들은 전환 작업에 포함되어 있는 모든 절차들이 반드시 필요하다고 확신하는가? 어떤 것은 합치고 어떤 것은 빼버리면 될 텐데?

그들에게 5분 목표를 달성하지 못했던 이유를 묻는 동안, 오바는 그 팀이 실패했다는 암시를 전혀 하지 않았다. 오히려 그들이 자신들이 세운 가정들에 대해 충분하리만치 깊은 의문을 갖지 않았기 때문에 자신들에게 주어진 모든 개선 기회를 완전히 탐색해보지 못했다는 사실을 깨닫게 하려고 오바는 애쓰고 있었다.

오바가 그처럼 집요하게 굴었던 데에는 또 다른 이유가 있었다. 그는 그룹 구성원들에게 그들의 개선 활동에서는 성의를 다한 실험이 행해지지 않았음을 알려주고자 한 것이다. 그들은 보다 빠른 전환 작업과 더 작은 배치가, 늦은 전환 작업과 더 큰 배치보다 더 나으리라는 막연한 전제하에서 5분이라는 목표를 세웠다. 그러나 여기에서 그들은 가설에 바탕을 둔 예상들과 목표들을 혼동하고 있었다. 자신들이 수행하려고 계획하고 있는 특수한 개선 단계들을 통해 그들이 달성할 수 있으리라고 믿었던 기대치는 목표가 될 수 없었다.

그 결과, 그들은 그 개선 노력을 "우리가 이러이러한 특별한 변화들을 이루어낸다면 이런 특별한 성과를 달성할 수 있을 것이다"라는 식의 명확하고 논리정연하고 검증 가능한 가설에 따른 하나의 실험으로 설계하지 않았다. 비록 전환 소요 시간을 상당히 단축시키기는 했어도 그들은 자신들이 노력하는 동안 가설들이 함축하고 있는 의미들을 검증해보지 않았다. 오바의 입장에서는, 자신들이 변화를 이루었던 방법이 자신들이 이루었던 변화만큼이나 중요하다는 사실을 작업자들과 감독자들이 깨닫게 되는 것이 더 절실한 문제였다.

누가 개선을 이루나

현장의 일선에서 일하는 작업자들은 자신들이 맡은 업무에서 개선을 이루어내고 그들의 감독자들은 선생으로서 방향을 잡아주고 도움을 준다. 한 작업자가 바로 이어진 조립 지역 안에 있는 특정 공급자와의 연결 방식에 무슨 잘못이라도 생기면, 그 두 사람은 둘을 함께 담당하는 감독자의 도움을 받아 개선을 이룬다. 예를 들면 앞에서 기술한 아이신세이키 팀은 조립 라인 작업자들과 그들의 선생 역할을 겸해서 하고 있는 감독자로 구성되어 있었다. 변화가 대규모적으로 이루어질 때는, 토요타가 직접 영향을 받는 사람들과 포함된 경로를 감독할 책임을 지고 있는 사람으로 개선 팀이 구성되도록 만들어준다.

따라서 공정들은 심지어 가장 높은 수준에서도 여전히 똑같다. 아이신세이키 매트리스 공장에서, 우리는 공장장이 생산 라인을 3개(라인의 숫자는 제품 종류의 증가에 대처하기 위해 3개로 늘어났다)에서 다시 2개로 줄이는 변화를 이끌 책임을 지고 있음을 알아냈다. 그가 포함된 것은 그것이 큰 변화라는 이유뿐만 아니라 그가 지선 라인들로부터 최종 조립 라인들로 이어지는 작업 흐름을 두루 살피는 운영 책임을 지고 있기 때문이었다.

이런 방법을 통해 토요타는 회사의 모든 계층에서 문제 해결과 학습이 이루어지도록 보장한다. 물론 우리가 이미 보았듯이 토요타는 학습 과정의 질을 보증하기 위해 필요하다면 외부의 전문가들도 데려올 것이다.

장기적으로는 토요타 생산 시스템을 따르는 회사들의 조직 체계는 그들이 직면하는 문제들의 본질과 발생 빈도에 적응할 수 있도록 바뀌게 될 것이다. 그러나 조직의 변화는 대개 아주 낮은 계층에서 이루어지기 때문에 외부인들이 추적하기는 어렵다. 그것이 바로 문제의 본질이 누가 그 문제를 해결해야 하고 어떻게 조직이 설계되어야 하는지를 결정하게 되는 이유이다. 하나의 결과로, 심지어 같은 공장 안에서 상이한 조직적 체계가 아무런 문제 없이 공존하고 있다.

일본의 가미고에 있는 토요타의 엔진 제작 공장을 살펴보자. 그 공장에는 2개의 기계 부문이 있고 각 부문에는 3개의 독립적인 생산 작업장이 있다. 1998년 여름에 우리가 방문했을 때, 제1 기계 부문의 생산직 사람들은 작업장 책임자들에게 보고하고 공정 엔지니어들은 부문의 책임자에게 직접 보고했다. 그러나 제2 기계 부문에서는 엔지니어들이 3개의 작업장에 분산 배치되어 있어서 생산직 사람들과 마찬가지로 각자 소속된 작업장의 책임자들에게 보고했다.

둘 가운데 어느 조직 체계가 본래부터 더 좋다고 말할 수 없다. 우리가 면담한 사람들은, 오히려 제1 부문의 문제들은 엔지니어들이 서로서로 배우고 엔지니어링 자원들을 한곳에 모아두어야 할 필요가 있는 상황을 만든다고 설명했다. 이와는 반대로, 제2 부문에서 일어난 문제들은 생산직 사람들과 엔지니어들이 각개의 작업장 수준에서 협조할 필요가 있음을 일러주었다. 따라서 조직의 차이들은 두 부문들이 상이한 문제들에 직면하고 있음을 반영한다.

이상(理想)을 향한 토요타의 신념

모든 계층의 작업자들에게 과학적 방법을 되풀이하여 가르침으로써, 토요타는 사람들이 자신이 계획한 변화들을 실행할 때 검증이 행해지리라는 기대감을 분명히 밝힐 수 있게 되도록 보장한다. 그러나 이것을 뛰어넘어, 우리는 토요타 생산 시스템을 따르는 회사들에서 근무하는 사람들이 하나의 공동 목표를 공유하고 있음을 발견했다. 그들은 이상적인 생산 시스템은 어떤 것이어야 하는지에 관해 공통된 의식을 지니고 있고 그런 공유된 비전이 그들로 하여금 고객들의 현재의 니즈만을 충족시키기 위해 필요한 것 이상의 개선을 이루도록 동기를 부여하고 있다. 이런 이상을 향한 신념은 사람들의 마음속 깊이 심어져 있으며, 토요타 생산 시스템을 이해하기 위해서는 그것을 아는 것이 필수적이라고 우리는 믿고 있다.

이상이라고 말할 때, 토요타에서 일하는 사람들에게는 그것이 철학적이고 추상적인 무엇을 뜻하지는 않는다. 그들은 확고한 정의를 머릿속에 담고 있으며 그것은 눈에 띌 만큼 일관되게 회사 전체에 퍼져 있다. 아주 구체적으로 말하자면, 토요타의 작업자들이 머릿속에서 그리는 이상적인 개인이나 사람들의 그룹 또는 기계가 만들어낸 결과는 다음과 같다.

- 결함이 없다. 즉 고객이 기대하는 특성과 성능을 지니고 있다.
- 한 번에 하나의 요구를 전달할 수 있다(하나의 배치 크기).
- 요청된 버전으로 요구에 따라 공급될 수 있다.
- 즉시 인도될 수 있다.
- 어떤 자재나 노동력, 에너지 또는 여타 자원(재고와 관련된 비용 같은)의 낭비 없이 생산될 수 있다.
- 모든 종업원들에게 육체적으로, 감정적으로, 직업적으로 안전한 작업 환경 하에서 생산될 수 있다.

우리는 이런 이상을 향해 운영 활동을 밀고 갈 수 있는 변화를 만들기 위해 토요타 생산 시스템을 활용한 공장들에서 일하는 사람들을 끊임없이 발견했다. 예를 들면 전기 기계 제품을 생산했던 한 회사에서, 우리는 (이상에서 명기한 대로) 자기들이 만든 제품에 결함이 없음을 나타내기 위해 간단하고 명확하게 '예 또는 아니요'라는 신호를 보내는 정교한 오류 추적기들을 가지고 다니는 작업자들을 발견했다. 사출 성형된 부품들을 제조하는 다른 공장에서는, 작업자들이 커다란 사출용 금형을 전환하는 데 소요되는 시간을 이미 빠른 시간이라 할 수 있는 5분에서 3분으로 단축시킨 것을 보았다.

이를 통해 토요타는 생산하는 각 부품의 배치 크기들을 40% 감소할 수 있었으므로 하나라는 이상적인 배치 크기에 더욱 가까이 다가갔다. 이상을 향해 나아갈 때, 토요타가 다른 것보다 더욱 중요할 수도 있는 특성 하나를 일시적으로 유보하는 경우도 있을 수 있다. 때때로 이것이 토요타의 운영에서 인기 있는 모습과는 반대되는 방향으로 나아가는 관행을 이끌어내기도 한다. 우리는 토요타가, 이 글의 마지막에 있는 '토요타 생산 시스템의 대항책'에서 기술한 바와 같이, JIT 방식의 작업에 거는 외부 관찰자들의 일반적 기대보다 더 높은 수준의 재고를 유지하거나 더 큰 배치 크기로 생산하는 사례들을 보았다.

토요타의 이상적 상태는 가능한 한 효율적으로 그리고 가능한 한 최저의 비용으로 한 제품의 무한한 다양화를 실질적으로 이루어내는 능력인 다량의 주문생산이라는 일반적인 견해의 많은 특성들을 공유한다. 마지막 분석에서, 토요타의 이상적인 공장은 토요타의 고객이 제품 야적장으로 차를 몰고 가서, 주문생산된 제품이나 서비스를 요구하고 그것을 가능한 한 낮은 가격에 결함이 없는 상태로 즉시 인수할 수 있게 하는 곳일 것이다. 토요타의 한 공장 또는 토요타의 한 작업자의 행동이 이런 이상으로부터 멀어지는 경우, 그런 결점이 이후의 개선 노력을 위한 창조적인 긴장상태를 만들어내는 원천이다.

원칙들이 조직에 미치는 영향

토요타의 네 가지 원칙들이 토요타 생산 시스템을 사용하고 있는 회사들을 지속적인 실험을 실행하고 있는 하나의 과학자 공동체로 만든다면 그런 조직들이 혼돈 상태에 빠지지 않는 이유는 무엇일까? 생산 라인에서 일하고 있는 다른 사람들의 작업에 역효과를 미치지 않고 한 사람이 변화를 이룰 수 있는 이유는 뭘까? 토요타는 과연 어떤 방법을 사용하기에 작업자들이 전력을 다하여 일을 계속하는 동안에 작업에서의 변화를 끊임없이 만들어내는가? 다시 말해 어떻게 해서 토요타는 개선하는 일과 안정을 유지하는 일을 동시에 해낼 수 있는가?

다시 한 번 말하지만 그 해답은 원칙들 안에 들어 있다. 사람들이 자신들의 작업을 하면서 개선할 수 있는 능력을 길러주고 책임을 지움으로써, 개인적인 고객들과 공급자들 사이의 연결을 표준화시킴으로써 그리고 연결과 흐름에서의 문제를 가능한 한 최하위 계층에 떠맡김으로써 이 원칙들은, 인형 안에 또 다른 인형이 들어 있는 전통적인 러시아 인형과도 같은, 포개진 모듈 방식의 체계를 가진 조직을 만든다.

모듈 방식의 조직이 주는 큰 이점은 사람들이 다른 부분에 부당하게 영향을 미치지 않으면서 한 부분에서 설계 변경을 수행할 수 있다는 것이다. 그것이 바로 토요타의 관리자들이 아무런 혼란을 야기하지 않으면서 그토록 많은 책임들을 하위 계층으로 이양할 수 있는 이유이다. 이 원칙들을 따르는 다른 회사들 역시 불필요한 혼란을 체험하지 않고서도 변화가 가능하다는 사실을 알게 될 것이다.

물론 다른 회사들의 체계들도 토요타 생산 시스템을 따르는 회사들의 체계들과 공통되는 특색들을 지니고 있으나 우리의 연구에서는 그 시스템을 따르지 않는 회사들 가운데 그런 특색들을 모두 갖추고 있는 회사는 한 군데도 발견하지 못했다. 토요타처럼 많은 시간을 투자해야만 그런 체계를 구축할 수 있다는 사실이 종국에는 밝혀질 것이다. 그러나 어느 회사가 그 원칙들을 완전히 터득하기 위해 온 힘을 다한다면 그 회사는 토요타의 유전자를 복제하기에 더 좋은 기회를 갖게 되고 그럼으로써 토요타가 이룬 업적들도 복제할 수 있을 것이다.

:: 네 가지 원칙들

토요타 생산 시스템을 떠받쳐주는 암묵적인 지식은 네 가지 원칙들에서 파악될 수 있다. 이 원칙들은 설계, 운영, 모든 제품 및 서비스를 위한 각종 활동과 연결, 경로의 개선을 이끈다. 그 원칙들은 다음과 같다.

원칙 1: 모든 작업은 내용, 순서, 타이밍, 결과에 관해 아주 자세하게 명시되어야 한다.
원칙 2: 고객-공급자 연결은 모두 직접적이어야 하고 요청서를 보내고 응답을 받는 데에는 명확한 '예 혹은 아니요' 방식이 사용되어야 한다.
원칙 3: 모든 제품 및 서비스의 경로는 단순하고 직접적이어야 한다.
원칙 4: 개선은 조직의 가능한 한 최하위 계층에서 선생의 지도를 받아 과학적 방법에 따라 이루어져야 한다.

모든 원칙들은 모든 행동과 연결, 흐름 경로들에 문제들을 자동적으로 알릴 수 있도록 미리 짜맞추어 넣은 검증이 포함될 것을 요구한다. 겉으로는 경직된 듯해 보이는 이 시스템이 변화하는 상황에 그처럼 유연하고 적응적일 수 있도록 만드는 것은 문제점들에 대한 지속적인 반응이다.

:: 토요타 작업자들의 원칙 학습 방법

토요타 생산 시스템의 원칙들이 명시되어 있지 않다면 그것들이 어떻게 전파되는가? 토요타의 관리자들은 작업자들과 감독자들에게 그들의 작업 방법을 구체적으로 말해주지 않는다. 대신 그들은 작업자들이 문제 해결의 하나의 결과물로 원칙들을 알아낼 수 있도록 하기 위해 가르침과 배움이라는 접근 방법을 사용한다. 예를 들면 한 사람에게 원칙 1의 내용들을 가르치는 감독자는 작업장으로 나와서 그 사람이 자신의 업무를 하고 있는 도중에 다음과 같은 일련의 질문들을 한다.

- 당신은 이 작업을 어떻게 하는가?
- 당신은 자신이 이 작업을 정확하게 하고 있음을 어떻게 아는가?
- 당신은 작업의 결과에 오류가 없음을 어떻게 아는가?
- 당신은 문제가 발생하면 무슨 일을 하는가?

이런 지속적인 과정을 통해 그 사람은 자신의 특정 작업에 관해 차츰 보다 깊은 통찰력을 지니게 된다. 이런 부류에 속하는 수많은 경험들을 통해 그 사람은 원칙 1에 들어 있는 원리들을 따라 모든 행동을 설계하는 방법이 몸에 배도록 차곡차곡 배운다.

모든 원칙들은 반복되는 질문과 문제 해결이라는 소크라테스 방식과 유사한 방법으로 가르쳐진다. 이 방법이 가르치는 일에서는 특히 효과적이기도 하지만 원칙에 함축되어 있는 것도 알아내도록 이끈다. 결국 관리자들이 작업을 통한 학습을 조장하기 위해 유사한 질문 과정을 통과할 능력을 갖추고 또한 그 일을 기꺼이 할 때 토요타 생산 시스템은 그처럼 널리 성공적으로 전파될 수 있었다.

:: 토요타의 학습 실행

토요타 생산 시스템에 따라 관리하는 회사들 가운데 우리가 연구한 조직들은 한결같이 사람이 가장 중요한 회사의 자산이며, 그들의 지식과 기술 습득을 위한 투자는 경쟁력 확보에 필수적이라는 최우선적 신념을 공유하고 있었다. 그렇기 때문에 이런 회사들은 자사에서 일하는 모든 관리자들이 자신의 감독 대상자들 모두의 업무를 해낼 수 있는 능력을 갖추고, 과학적 방법에 의해 문제를 해결하는 방법을 작업자들에게 가르칠 수 있는 능력을 갖추기를 기대한다.

리더십 모델은 조직의 최상부에 있는 사람들에게와 마찬가지로 첫 번째 계층인 '팀 리더' 감독자들에게도 적용된다. 그런 방법에 의해, 토요타에서 일하는 모든 사람들은 인적 자원 개발에 공동으로 참여한다. 실제로, 개개인의 종업원들에게 훈련을 실시하는 교습의 단계적 경로가 있으며 그것은 공장장으로부터 시작된다.

학습과 개선 과정을 보강하기 위해, 토요타 그룹에 속한 각 공장과 주요 사업 단위들은, 자신들의 조직들을 이상을 향해 이끌어가는 상위관리자들을 도와주는 것을 일차적인 책임으로 하는 다수의 토요타 생산 시스템 컨설턴트를 고용하고 있다. 이들 '학습자-리더-교사들'은 더없이 미묘하고 어려운 문제들의 실체를 파악하고 문제들을 과학적으로 해결하는 방법을 사람들에게 가르침으로써 그 일을 해낸다.

이런 개인들 가운데 많은 사람들이 토요타의 OMCD(Operations Management Consulting Division, 사업관리컨설팅부문)에서 철저한 훈련을 받았다. 당초에 토요타 생산 시스템을 만들었던 사람들 가운데 한 명이었던 오노 다이치가 그 시스템을 토요타와 자사의 공급자들에게 개발, 확산시키기 위해 시도했던 노력의 결과로 OMCD가 일본에 설립되었다. 토요타자동차의 새로운 사장인 조 후지오를 포함한 다수의 토요타 상위경영자들이 OMCD 안에서 기술을 연마했다.

여러 해로 기간이 연장될 수도 있는 OMCD에서의 재직 기간 동안 토요타의 직원들은 모든 라인 업무의 책임을 벗어버리고 대신 토요타와 공급자들의 공장들에서 개선을 이끌고 행동을 훈련시키는 책임을 떠맡게 된다. 모든 토요타의 공장들과 유통 사업들을 이런 방식으로 지원함으로써, OMCD는 수많은 어려운 문제들을 해결하고 같은 일을 하도록 다른 사람들을 가르칠 수 있는 기회를 부여하여 컨설턴트의 전문성을 만들어주는 훈련센터로서의 역할을 하고 있다.

1992년에 토요타는 북미 대륙에 있는 회사들에 대한 토요타 생산 시스템 훈련을 전담하기 위해 TSSC(Toyota Supplier Support Center, 토요타공급자지원센터)를 미국에 설립하였다. OMCD를 본받아 TSSC는 140개 이상의 회사들에서 강습회를 열었고 80여 회에 달하는 직접적인 도움을 주었다. 이들 회사들의 대부분이 자동차 관련 공급자들이고 극소수는 토요타만 상대하는 공급자였지만, 다른 산업들과 대학들, 정부 기관들, 산업 협회들로부터도 참석자들이 몰려들었다.

사실, 이 논문을 쓰기 위한 연구의 상당 부분은 5개월 동안 한 TSSC팀의 구성원으로 있으면서, 토요타와 2개의 다른 자동차 조립 공장에 물품을 공급하는 한 공장에 토요타 생산 시스템을 사용하도록 권장했던, 이 논문 공동 집필자 가운데 한 사람의 개인적 체험으로부터 이루어졌다.

:: 토요타 생산 시스템의 대항책

토요타는 어떤 도구나 관행들, 예를 들어 그렇게나 많은 외부인들이 관찰하고 복사했던 간반카드나 안돈 게시판 같은 것을 토요타 생산 시스템의 원리라고 생각하지 않는다. 더 나은 접근방법이 발견되거나 상황이 바뀔 때까지 토요타는 그것들을 다만 특수한 문제들에 대한 임시적인 대응책으로 사용할 뿐이다. 그들은 '해결책(솔루션)'이라는 말 대신에 '대항책'이라는 말을 사용하는데, 이는 해결책이라는 단어가 어느 문제를 영구적으로 해결하는 방안이라는 의미를 지니고 있기 때문이다. 여러 해에 걸쳐, 대항책으로 사용한 일련의 확고한 도구들과 관행들을 개발했지만 많은 것들은 개선들이 이루어진 뒤에 바뀌거나 없어져버렸다.

따라서 어느 회사에서의 어떤 특수한 도구 또는 관행을 사용하느냐 하지 않느냐 하는 것이 그 회사가 토요타의 설계와 개선 원칙들을 진정으로 적용하는지의 여부를 알려주지 못한다. 특히 제로(영) 재고라는 콘셉트가 토요타 시스템의 핵심이라는 인상과는 반대로 토요타가 하나의 대항책으로 자재 재고를 실제로 비축했던 사례들을 많이 보았다. 이상적인 시스템은 사실 재고를 유지할 필요가 없다. 그러나 실제로는 다음과 같은 상황이 벌어지면 재고를 비축할 필요가 있다.

- **예기치 못한 작업 중단 또는 제품 수율(收率)**: 때때로 예기치 못한 기계적 고장으로 인해 요청이 들어왔을 때 어느 한 사람이나 한 기계가 요구에 반응할 수는 없다. 이런 이유로, 돌발적인 사태 발생으로부터 고객을 보호하기 위해 안전 재고가 유지된다. 한 기계나 공정의 신뢰도를 보장할 책임을 지고 있는 사람이 그 재고를 보유하면서 안전 재고량을 줄일 수 있도록 만들기 위해 작업 중단의 빈도와 정지시간을 줄이려고 항상 노력한다.
- **시간을 소요하는 설치**: 한 제품의 공정에 사용된 기계를 다른 제품의 공정으로 전환하는 작업의 어려움은 공급자가 즉각적인 반응을 하지 못하도록 막는다. 그러므로 공급자들은 고객에게 즉각적으로 반응하기 위해 하나 이상의 배치 크기에서 제품을 생산하고 초과 생산된 것을 재고로 유지한다. 물론 공급자들은 배치 크기와 재고량을 가능한 적게 유지하기 위해 전환 시간을 줄이려고 지속적으로 노력할 것이다.

이때 문제와 대항책 둘 다 갖고 있는 사람은 전환 소요 시간과 배치 크기를 줄여야 할 책임을 지고 있는 기계 운전자와 팀 리더이다.

- 고객 수요의 믹스(mix, 구성)와 수량에서의 변덕: 어떤 사례들에서는, 고객 니즈의 차이가 너무 크고 예상할 수 없어서 공장이 그런 니즈를 충분히 감당할 수 있을 만큼 재빨리 생산을 조정할 수 없었다. 그런 사례들에서는 대항책으로 야적장 안이나 가까운 곳에 완충 재고를 유지한다. 완충 재고는 고객과 가장 직접적으로 일하는 사람이 그 고객을 도와 방지할 수 있는 수요 변동의 원인들을 제거해야 한다는 사실을 생산과 판매 관리자들에게 알려주는 신호 역할도 한다.

많은 경우에 같은 형태의 제품이 다른 형태의 재고로 유지된다. 토요타는 다양한 종류의 재고를 모아서 관리하는 것이 단기적으로는 재고 수요를 줄이는 방법이라고 생각하지만 그렇게 하지 않는다. 그것은 낭비를 극도로 싫어한다고 널리 알려진 관리 시스템을 생각해보면 역설적으로 들릴 것이다. 그러나 우리가 토요타의 관리자들과 작업자들이 개별의 문제에 대해 각각의 대항책을 맞추려고 노력하고 있음을 인지한다면 그런 역설은 해소될 수 있다.

안전 재고(공정 불신도)를 유지하는 이유와 완충 재고(고객 수요의 변동)를 유지하는 이유 사이에는 아무런 연관이 없다. 그 둘을 공동 관리하는 것은 개별적인 행동들과 관련된 고객-공급자 연결을 구분하기 어렵게 만들 것이다. 재고는 소유권자들의 수가 많을 것이며 그것을 활용하는 이유들은 모호해질 것이다. 따라서 재고를 공동 관리하는 것은 소유권과 문제들의 원인 두 가지 모두를 뒤죽박죽을 만들어버려 결과적으로 개선하기 어렵게 만든다.

7

토요타의 리더 교육법

스티븐 스피어
Steven J. Spear

수많은 회사들이 토요타의 유명한 생산 시스템을 복제하려고 노력했으나 성공하지 못했다. 그 이유는? 이 글의 필자인 스티븐 스피어는 모방자들이 특수한 도구들과 관행들에 초점을 맞추다 보니 토요타 생산 시스템 저변에 깔려 있는 원칙들을 인지하지 못한 것이 그 이유 중 하나라고 말한다.

이전에 『하버드 비즈니스 리뷰』에 발표한 논문인 「토요타 생산 시스템의 유전자 판독하기」를 집필하면서 스피어는 토요타가 관리자들에게 토요타 생산 시스템의 원칙들을 가르치는 방법을 설명했다. 그는 토요타의 미국 공장들 가운데 한 곳에서 상위 계층의 직위를 맡길 계획으로 채용한 유능하고 젊은 한 미국 관리자의 훈련 과정을 기술하였다. 세세한 내용까지 풍부하게 담은 이 이야기는 자사의 관리자들을 토요타의 생산 시스템에 적응하도록 훈련시키기를 원하는 회사에 다음 네 가지 교훈들을 제시한다.

- 직접 관찰을 대체할 방안은 없다.
- 제안된 변화들은 항상 실험처럼 체계화되어야 한다.
- 작업자들과 관리자들은 가능한 한 자주 실험해야 한다.
- 관리자들은 직접 고치지 않고 코치만 한다.

고속 출세한 경영자로 입사한 사람의 경우 대개 처음 입사했을 때, 단기간에 걸친 피상적인 현장 방문과 오리엔테이션, 소개를 받는 것으로 형식적인 절차를 마친다. 하지만 이 이야기에 나오는 관리자는 실제적인 작업을 통해서 토요타 생산 시스템을 배우는 길고도 힘든 과정을 밟았다. 이는 토요타가 지위나 직종에 상관없이 새로 입사한 종업원을 훈련시키는 방법이다

왜 토요타 시스템은 복제하기 힘들까

토요타는 세계에서 가장 많이 이야기되고 있는 회사들 가운데 하나로 저널리스트들과 연구가들, 그리고 이 회사의 유명한 생산 시스템을 벤치마크하려는 경영자들의 주목을 받고 있다. 그 이유는 토요타가 품질, 신뢰도, 생산성, 원가 절감, 판매 및 시장점유율 신장, 시장 자본화에서 경쟁자들을 훨씬 능가하는 실적을 반복해서 거두었기 때문이다.

2003년 말 토요타는 판매량뿐만 아니라 생산량에서도 북미 대륙에서 세 번째로 큰 자동차 회사인 다임러크라이슬러를 앞지르기 직전이었다. 글로벌 시장점유율 면에서는, 최근 포드를 대신해 세계에서 두 번째로 큰 자동차 제조사의 자리를 차지했다. 2003년 말에는 순이익과 시장 자본화 면에서 모든 경쟁자들을 앞질렀다. 그러나 그런 놀라운 성취는 하나의 의문을 제시한다. 토요타가 그처럼 널리 연구되고 복제되었다면, 왜 극소수의 회사들만이 그런 실적에 맞먹는 결과를 만들 수 있었을까?

1999년 『하버드 비즈니스 리뷰』에 발표했던 「토요타 생산 시스템(TPS,

Toyota Production System)의 유전자 판독하기」라는 논문에서 H. 켄트 바우언 (H. Kent Bowen)과 나는 대부분의 외부 관찰자들이 토요타의 도구와 전술, 예를 들어 간반 풀 시스템, 안돈 게시판, 생산 셀 등에 초점을 맞추었을 뿐 회사의 기본적인 작업 원칙들에는 전혀 초점을 맞추지 않았던 데 문제의 원인이 있다고 주장했다. 우리는 일상적인 작업이 작업을 잘할 수 있는 방법을 학습하는 일과 굳게 결합되도록 만드는 네 가지 원칙들, 즉 규칙들을 확인했다. 이 원칙들은 신뢰도, 유연성, 안전성 및 효율성의 개선, 그리고 그 결과로 얻어지는 시장점유율과 수익성에서의 개선이 진행형으로 이어지도록 이끈다.

우리가 그 논문에서 설명했듯이, 토요타가 실제로 성취한 것은 단지 도구들을 만들고 사용하는 것으로 끝나지 않았다. 자동차에 시트를 장착하는 틀에 박힌 작업이든 새로운 모델 또는 공장을 설계하고 착수하는 것처럼 복잡하고 특이하며 대규모인 작업이든 간에 모든 작업을 일련의 확고하게 자리 잡은 진행적인 실험으로 만든 것이다.

많은 주목을 받았던 토요타의 표준화 실행은 통제 목적 혹은 베스트 프랙티스 그 자체를 집어내기 위한 목적으로 이루어진 것이 아니다. 오히려 표준화, 더 정확하게 말해 작업이 완수되기 이전에 그 작업이 이루어져야 하는 방법을 분명하게 명시한 것은 작업이 진행되고 있는 도중에 하는 검증 작업과 결합되어 있다. 기대했던 것과 실제적으로 이루어진 것 사이의 괴리가 최종 결과로서 즉각적으로 명백하게 드러난다. 문제가 더 커져서 다른 사람들의 작업마저 위태롭게 만드는 것을 방지하기 위해, 내재되어 있는 문제들뿐만 아니라 기대와 실제와의 괴리에 대한 조사가 이루어지고 이를 통해 제품과 공정, 사람들에 대한 보다 깊은 이해를 얻을 수 있다. 그런 이해는 나아가 새로운 문제가 발생될 때까지 임시적인 '베스트 프랙티스'가 되는 새로운 명세서로 구체화된다(이 글의 마지막에 있는 '원칙들의 힘' 참조).

토요타 생산 시스템은 확고한 실험과정을 갖고 있고 그 실험을 통해 작업들이 끊임없이 개선되는 시스템이라는 점을 알아야 한다. 모든 직능의 모든 계층에서 일하는 종업원들과 관리자들이 그 원칙들에 생명을 넣어주고, 그것들을 적용할 수 있도록 다른 사람들을 가르칠 수 있는 조직을 갖고 있다는 점도 알아야 한다. 토요타의 유전자를 판독하는 것이 그것을 복제할 수 있다는 뜻은 아니다.

그렇다면 한 회사가 그것을 정확히 복제하려면 어떻게 해야 할까? 미국에 있는 토요타 공장들 가운데 한 곳에서 상위 계층의 직위에 채용된 유능하고 젊은 한 미국 관리자가 어떻게 토요타 생산 시스템을 전수받았는지 살펴봄으로써 그 물음에 대답하고자 한다.

과거에 그가 성취했던 업적들을 고려해보면 그가 토요타에 입사하면서 받은 훈련은 도저히 상상할 수 없을 정도였다. 일류 대학들에서 여러 학위들을 취득한 그는 북미 대륙에 있는 토요타의 경쟁사들 가운데 한 회사의 큰 공장을 맡아 관리한 경험을 갖고 있었다. 고속 출세한 경영자로 입사한 사람의 경우 대개 처음 입사했을 때, 단기간에 걸친 피상적인 현장 방문과 오리엔테이션, 소개를 받는 것으로 형식적인 절차를 마친다. 하지만 그는 토요타가 직위나 직종에 상관없이 새로 입사한 종업원을 훈련시키는 방법인, 실제적인 작업을 통해서 토요타 생산 시스템을 배우는 길고도 힘든 과정을 밟았다.

그가 관리자로서 일하게 되어 있는 공장에 도착하는 데에만 3개월 이상이 소요되었다. 우리가 앞으로 '밥 달리스(Bob Dallis)'라고 부를 유능한 청년은 타사에서 직무를 수행할 때 개선 활동에 토요타의 아이디어들을 원용했던 적이 있었다. 그래서 자신이 토요타 생산 시스템의 기본에 관해 이미 알고 있으므로 새로 맡게 된 직무에서 개선 작업을 하기 위해서는 이미 알고 있는 지식을 단순히 조금만 조정하면 될 것이라고 생각했다. 하지만 그는 실제로 작업을 개선하는 것은 자신의 업무가 아니라 작업자들 개개인의 업무임을 깨달으며 훈련과정을 마쳤다. 작업자들이 그런 책임을 이해하도록 돕고, 그 책임을 수행할 수 있도록 만드는 것이 그의 역할이었다. 그는 작업을 지속적인 학습과 개선을 만들어내는 실험으로 구축하는 방법과 다른 사람들도 똑같이 그렇게 하도록 가르치는 방법을 훈련을 통해 터득했다.

훈련 프로그램

달리스는 2002년 1월 차가운 겨울 아침 일찍 토요타의 켄터키 본사에 도착했다. 토요타와 공급자들의 공장들에서 토요타 생산 시스템 활용 역량 개발 책임을 맡고 있는 토요타공급자지원센터(TSSC, Toyota Supplier Support Center)의 상위관리자인 마이크 다카하시(가명임)가 그를 마중 나왔다. 다카하시는 회사에 관한 오리엔테이션도 책임지고 있었다. 일단 소개를 포함한 형식적인 절차들이 끝나자, 다카하시는 서둘러 달리스를 자동차에 태워, 나중에 달리스가 근무하게 된 공장이 아니라, 그가 회사와의 동화(同化) 작업을 시작했던 다른 토요타 엔진 공장으로 달려갔다.

이 동화 과정에는 12주간에 걸친 미국엔진공장에서의 집중적인 훈련과 10일 동안의 일본 내 토요타 및 토요타 공급자들의 공장에서의 작업과 관찰 활동이 포함되어 있었다. 달리스가 받은 훈련의 내용은 다른 토요타 관리자들이 받는 내용과 마찬가지였으며, 이는 다카하시의 판단에 의해 달리스에게 가장 필요한 것이 무엇인가에 따라 결정되었다.

기본으로 돌아가라

밥 달리스가 미국엔진공장에서 처음 맡은 임무는 19명으로 이루어진 소그룹의 엔진 조립 작업자들이 노동생산성, 기계 및 장비의 작업적 가용성, 그리고 인간공학적 안전성을 개선하는 일을 돕는 것이었다.[1] 처음 6주일 동안 다카하시는 달리스에게 개개인의 작업 공정을 관찰하고 바꾸는 일을 번갈아 맡겨 생산성과 안전도에 초점을 맞추도록 했다. 그룹 리더들과 팀 리더들, 팀 구성원들과 함께 일하면서 달리스는, 예를 들어 상이한 작업들이 어떻게 수행되는지, 누가 어떤 상황에서 어떤 일을 하는지, 정보와 원자재 및 서비스가 어떻게 전달되는지를 문서에 기록할 수 있었다. 그는 자신이 알아냈던 문제들을 해결하기 위한 노력의 일환으로 변화를 이룬 다음 그 변화들을 평가했다.

이전의 경험과 성취에도 불구하고, 달리스는 자신의 경험들을 활용할 수 없었다. 다카하시와의 회합들로 그의 근무일 예정표들이 채워졌다. 월요일에 달리스는 다음과 같은 사항들을 설명해야 한다.

자신이 지난주에 했던 관찰과 체험을 바탕으로 판단할 때 작업이 진행되었던 조립 과정은 어떠했는지, 그가 생각하기에 라인의 문제점들은 무엇인지, 그런 문제들을 해결하기 위해 그와 다른 사람들이 이미 실행했거나 아니면 마음속에 품고 있는 변화들은 무엇인지, 그 자신의 제안이 가져올 것으로 예상되는 효과 등이었다.

금요일에 다카하시는 그들이 월요일에 토의했던 계획들 및 예상들과 실제적 결과들을 비교하며 달리스가 해낸 일들을 검토했다.

처음 6주 동안 개개인의 임무들에서 스물다섯 가지의 변화가 실행되었다. 예를 들면 작업자들에게 보다 편안하게 원자재들을 제공할 수 있도록 다수의 부품 선반들의 구조를 바꾸었고, 손목의 긴장감을 줄이고 인간공학적 안전성을 향상시키기 위해 기계에 붙어 있는 핸들의 위치를 바꾸었다.

또한 달리스와 그룹의 나머지 사람들은 자신들의 작업을 재분배하기 위한 이른다섯 가지 제안을 했다. 이런 제안들은 작업 지역의 재배치를 요하는 보다 두드러진 변화들이었다. 예를 들면 어느 특정 부품이 장착되는 장소를 바꾸는 것은 담당 작업자의 배선공사와 컴퓨터 입력 작업에 맞추어 원자재 보관 장소 재배치와 차광 커튼의 이동을 요했다. 달리스가 5주째 근무를 마친 주말, 공장이 작업을 쉬는 동안에 정비와 엔지니어링 부서들에서 나온 기술 전문가들의 도움을 받아 이런 변화들이 이루어졌다.

달리스와 다카하시는 이른다섯 가지의 변화들이 실제로 기대했던 만큼의 효과를 가져왔는지를 알아보기 위해 그 그룹의 조립 라인들을 조사하면서 6주째 근무를 했다. 표 7-1 '미국엔진공장 조립 라인 이전과 이후'에서 보여주듯이, 그들은 작업자들의 생산성과 인간공학적 안전성이 현저하게 향상되었음을 발견했다. 그런데 불행하게도 그런 변화들이 기계의 작업적 가용도 또한 감소시켰다.

이 말은 생산성과 인간공학적 안전성을 향상시킨 변화들이 더욱 자주 기계들의 오작동을 유발했다는 뜻이 아니다. 오히려 변화들이 이루어지기 전에는 작업에 충분한 여유시간이 있어서, 가령 한 기계가 잘못되더라도 어떤 사람에게 중대한 영향을 미치거나 불편함을 주는 일이 일어나지 않는 경우도 종종 있었다. 그러나 달리스가 이룬 변화로 말미암아, 그 그룹은 같은 분량의 작업을 완수하기 위해 19명이 아닌 15명의 구성원을

표 7-1 미국엔진공장 조립 라인 이전과 이후

다음 표는 달리스가 처음 6주 동안 미국엔진공장 조립 라인에서 일하면서 이루었던 변화들의 효과를 보여준다. 그는 작업자의 숫자와 작업주기를 줄임으로써 생산성의 상당한 향상을 이루었다. 또한 달리스와 그의 팀은 (4개의 공정을 없애고 나머지를 개선하여) 안전도에서도 현저한 개선을 이루었다. 그러나 기계 가용도는 그 기간에 실제적으로 90%에서 80%로 감소했다. 달리스와 그의 팀은 후반 6주 동안 가용도를 다시 90%로 올려놓았으나 여전히 목표인 95%에는 미치지 못했다.

	이전	이후
생산성		
작업자 수	19명	5명
작업주기 시간	34초	33초
총작업 시간/엔진	661초	495초
인간공학 *		
적색 공정들	7	1
황색 공정들	2	2
녹색 공정들	10	12
작업적 가용도	90%	80%

* 공정들은 들어올려야 하는 무게, 팔을 뻗는 거리, 손목 비틀기, 여타의 위험요소들을 고려한 등식에 의해 계산된 인간공학을 바탕으로 해서 최악(적색)으로부터 최선(녹색)까지 등급이 매겨진다.

쓸 수 있게 되었다. 그것은 또한 각 임무 수행에 소요되는 시간을 줄이고 작업 부담의 형평성도 개선하게 만들었다. 훨씬 더 빡빡한 시스템을 갖게 되어 이전에는 중요하지 않던 기계적 문제들이 이제는 현저한 영향을 미치게 되었다.

달리스가 조립 라인에서 일하는 사람들의 업무 개선을 이루자, 다카하시는 달리스에게 기계들이 어떻게 작업하는지를 연구하도록 시켰다. 이 일을 하는 데 다시 6주가 소요되었으며 월요일과 금요일에 다카하시와 달리스가 회합하는 일도 여전히 계속되었다. 다카하시는 엔지니어링 분야에서 2개의 학위를 갖고 있는 달리스로 하여금, 그가 직접 원인들을 조사할 수 있도록, 개개의 기계들이 고장 날 때까지 지켜보라고 지시했다. 이 일에는 약간의 시간이 걸렸다. 비록 작업 방법 오류는 1분에 두 차례 가까이 발생했지만, 기계 오작동은 그보다 훨씬 빈도가 줄었고 기계 밖으로 문제가 드러나지 않기도 했다.

그러나 기계들과 그 주변에서 작업하고 있는 사람들을 관찰하면서 달리스는, 사람들이 기계와 접촉할 때 발생하는 듯한 여러 가지 실수들을 조사하기 시작했다. 예를 들면 한 작업자가 하나의 지그(jig)에다 기어를 넣은 다음에 기계 안으로 집어넣을 때에 종종 지그가 완전히 정렬되기도 전에 무심코 트리거(trigger) 스위치를 켜는 바람에 기계가 오작동하게 만드는 것을 알아차렸다. 그 문제를 해결하기 위해, 달리스는 정비부서로 하여금 스위치의 위치를 바꾸도록 조치했다.

또한 달리스는 다른 작업자가 기계 속으로 바퀴 멈추개를 밀어넣는 것을 관찰했다. 여러 가지 기계적인 오류들을 조사한 다음에 그는 바퀴 멈추개가 때때로 기계에 있는 완충기 위로 말려 올라간다는 사실을 깨달았다. 기계의 완충기를 상이한 횡단면 외형을 가진 완충기로 교체함으로써 그는 이 특이한 오류의 원인을 제거했다. 장치들의 직접 관찰, 각 오류에 대한 근본 원인 분석, 의심되는 원인들을 제거하기 위한 즉각적인 구조 변경 등을 통해 작업적 가용도를 90%까지 끌어올렸다. 이것은 다카하시가 달리스에게 설정해준 95%라는 목표에는 여전히 미치지 못했으나 상당한 개선이었다.

상급 과정 훈련

미국엔진공장에서 12주가 경과한 뒤 다카하시는 달리스가 사람들과 기계를 관찰하는 일과 검증될 실험으로서의 대항책을 구성하는 일에서 많은 진전을 이루었다고 판단했다. 그러나 다카하시는 달리스가 여전히 변화를 이루는 데 심한 부담감을 느끼고 있으며, 개선을 검증하고 실제로 이루어내는 속도가 너무 늦다는 점을 염려했다. 그는 토요타의 일본 공장에서 개선을 실천하는 방법을 달리스에게 보여주기엔 지금이 적기라고 판단했다.

다카하시와 달리스는 일본으로 날아갔고, 달리스는 처음 사흘 동안 토요타 생산 시스템을 처음 만들었던 사람들 가운데 한 명인 오노 다이치가 자신이 이룬 주요한 혁신의 상당수를 개발했던 토요타의 유명한 가미고엔진공장에서 일하며 보냈다. 그들이 도착한 당일 아침에 다카하시는 여러 가지 놀라운 일들 가운데 첫 번째 것을 보여주었다. 그것은 달리스가 그곳에 머무는 동안 생산 셀에 있는 한 작업자의 곁에서 일하면서 쉰 가지의 개선, 즉 작업이 수행되는 방법에서의 실제적인 변화들을 이루어야 한다는 임무였다. 이것은 그가 훈련을 시작한 처음 5주 동안 평균적으로 하루에 하나 정도로 이루었던 개선이 아니라 매 22분 만에 하나의 변화를 이루어야 한다는 의미였다.

달리스에게 부과된 최초의 목표는 제품에 가치를 더하지 못하고, 작업자를 피로하게 만들거나 작업을 방해해서 작업주기를 길어지게 만드는 걷기, 팔 뻗기, 여타의 노력들 같은 작업자에게 주는 '과중한 부담'을 줄이는 것이었다. 달리스의 동료 작업자는 영어를 할 수 없는 데다 통역자도 붙여주지 않아서 두 사람은 손짓발짓으로, 그리고 모델들과 그림들, 역할 연기를 통해 의사를 소통하는 방법을 배워야 했다.

나중에 달리스는 '과중한 부담'을 갖고 시작하는 일의 논리적 출발은, 일본어를 못하는 외국인의 방해를 받으면서 자신이 맡은 직무를 수행해야 하는 그 작업자로부터 승낙을 받는 일이었다고 회상했다. 또한 '과중한 부담'에 초점을 맞추는 것은 작업 설계가 사람에게 주는 영향을 강조한 것이라는 말에는 의미론적인 중요성도 있었다. 반대로 '낭비'에 초점을 맞추는 것은 사람이 문제임을 암시했다.

달리스는 미국엔진공장에서 배웠던 접근방법들을 응용했다. 첫날, 그는 처음 3시간을 새로운 작업동료를 관찰하는 일에 소비했는데, 근무가 끝날 때쯤 자신이 일곱 가지 아이디어를 찾아냈으며 그 가운데 넷은 자신과 동료 작업자가 이미 실행했노라고 당당하게 보고했다.

그러자 다카하시가 두 번째의 놀라운 사실을 밝혔다. 같은 훈련 과정을 밟고 있는 2명의 일본인 팀 리더들, 즉 달리스가 맡을 준비를 하고 있는 직위보다 훨씬 아래 직급에 해당하는 업무를 맡고 있는 사람들이 같은 시간 동안에 각기 스물여덟 가지와 서른한 가지의 변화 아이디어들을 만들어냈다고 달리스에게 일러준 것이다.

약간 머쓱해진 달리스는 개선할 수 있는 더 많은 기회를 찾기 위해 노력했다. 심지어는 용접보다는 볼트로 조이기, 볼트로 조이기보다 테이프로 붙이기, 테이프로 붙이기보다 붙들어 매기 같은 피드백 비율을 가속화할 수 있으면 무엇이든 상관하지 않는 보다 임시변통적인 검증 방법 아이디어들을 시도해보려고 속도를 올렸다.

둘째 날 오전 11시까지 그와 동료 작업자는 스물여덟 가지 아이디어를 리스트로 만들었다. 그들이 작업하고 있는 동안 다카하시가 기계 공장에 들러 달리스가 무엇에 몰두하고 있는지 물은 뒤에 변화 아이디어에 관해 아주 특이한 질문들을 했다. 달리스는 그때를 이렇게 회상했다. "내가 심사숙고한 대답을 하기도 전에 그는 내게 직접 살펴보거나 시도해보라고 말했습니다."

달리스는 문제를 확인하고 해결하는 자신의 능력이 실행을 통해 향상되고 있음을 깨달았다. 셋째 날 아침에는 개별 작업과정의 세부사항들을 점검하는 일에서, 생산 셀이 전체로서 어떻게 배치되어 있고 그 배치 상태가 작업자의 육체적 움직임에 어떤 영향을 미치는지를 살펴보는 일로 임무가 바뀌었다.

"계기들과 부품 선반이 달린 기계가 둘 있었습니다. 도구 전환을 하기 위해 한 기계에서는 8단계, 다른 기계에서는 24단계를 거쳤습니다. 거치는 단계의 숫자와 소요 시간을 줄일 수 있는 보다 나은 기계 배치 방법이 있을까요? 우리는 기계를 실제로 옮기기 위해 중장비가 투입되기 전에 기계 전환을 모의 실험하는 방법을 찾아냈습니다"라고 달리스가 말했다.

3일이라는 기간이 다 끝날 즈음 그는 자신이 일한 기계공장에서 품질 검사, 도구 전환, 여타의 작업에서 쉰 가지의 문제들, 그 가운데 서른다섯 가지는 현장에서 해결된 문제들을 확인했다(이런 변화들의 효과들은 표 7-2 '가미고 리포트 카드'에 요약되어 있음).

다카하시는 달리스로 하여금 공장장과 기계공작장 관리자, 공장의 그룹 리더들에게 자신이 해낸 일에 대해 구두 발표함으로써 그의 현장 훈련을 마감하도록 했다. 달리스는 지금까지 일을 해오는 과정에서 이루어낸 변화들과 그 효과들에 대해 자세하게 기록한 일지를 갖고 있었다. 그 일지에는 공장의 작업들, 달리스가 관찰했던 개인적인 문제들, 변화의 효과, 대항책에 대한 첫 번째 및 두 번째 교대조의 작업자들의 반응 등이 기록되어 있었다(그 일지를 보려면 표 7-3 '달리스의 일지 발췌'를 참조하기 바람). 그리고 사진들과 도형들이 설명을 보완했다. "프레젠테이션을 하는 동안 공장장, 기계공작장 관리자, 공장 그룹 리더들이, (나와 다른 사람인) '보잘것없는' 팀 리더들이 말하는 것에 귀를 기울였습니다. (청중의) 3분

표 7-2 가미고 리포트 카드

가미고의 기계 공작실에서 머문 3일 동안에 달리스는 작업 동작(조립 라인 작업자들의 육체적 움직임)과 셀 배치에 관해 이룬 쉰 가지 변화의 효과들을 문서화했다. 변화들은 행동의 내용에 따라 걷기와 손 뻗기 또는 여타 움직임으로 범주화했다. 그들은 인간공학과 안전 위험 요소들을 감소시켰을 뿐만 아니라 매 작업자당 근무 중 걷는 거리를 2분의 1마일 줄였다.

		변화 건수	변화의 효과
품질 검사*	걷기	8	검사당 20m(50%) 감소
	손 뻗기	8	손 뻗기에서 2m 감소
	기타	13	발이 걸려 넘어질 위험 제거, 혼동 감소 위험을 제거하도록 도구 구성
도구 전환*	걷기	7	건당 50m 감소
	손 뻗기	4	손 뻗기에서 180cm 감소
	기타	5	인간공학 개선, 혼동의 위험 감소를 위한 조직
여타 작업		5	발이 걸려 넘어질 위험 제거, 오일 교환의 단순화

* 품질 검사는 1시간 동안에 2~3회 실시되었으며, 도구 전환은 1시간에 1회 이루어졌다.

의 2는 팀 리더들이 프레젠테이션을 하는 내내 열심히 적기도 했고 날카로운 질문을 던지기도 했습니다"라고 달리스가 말했다.

달리스가 프레젠테이션을 마친 뒤 다카하시는 토요타의 그룹 리더들, 즉 각기 3명 내지 7명의 구성원으로 이루어진 소수의 조립 또는 공작 팀들을 책임지고 있는 사람들이 개선 프로젝트를 관리하고 제시하는 방법을 그에게 보여주면서 그 주의 나머지 날들을 보냈다.

한 사례의 경우, 한 그룹 리더가 사출 성형 공정에서 기계 전환 시간을 줄이고 생산 속도를 보다 일정하게 유지할 수 있는 방법을 탐색하고 있었다. 다른 사례에서는, 그룹 리더가 공작 작업에서 작업 중단 시간을 줄일 수 있는 방법을 찾고 있었다. 모든 프레젠테이션에서 그룹 리더들은

표 7-3 달리스의 일지 발췌

훈련 기간 내내 달리스는 확인된 문제들, 제안한 해결책, 기대되는 결과, 그리고 실제적인 결과를 정확하게 일지에 적었다. 아래에 예로 든 것과 같은 기록들은, 진정한 실험을 위해서 필요한 정확성을 기하는 데 도움을 주기 때문에 토요타 생산 시스템에서는 절대로 필요한 것이다.

아래에 발췌한 것은 달리스가 확인한 두 가지 문제들을 보여준다. 그는 자신의 변화를 시도하기 위해 그 작업을 실제로 하는 사람들의 승인을 받았음에 유의하라. 그것은 그날의 근무가 끝날 때에는 그 작업을 하고 있는 사람이 해결책을 터득해야 하기 때문이다. 이런 부류의 위계질서 파괴 현상은 토요타의 운영에서 흔히 볼 수 있는 특성이다.

문제 #	4	58
위치	일터 6R	부품 측정 지역
내용	도구 전환 중 팀원이 첫 체크 게이지를 가지러 갔다가 돌아오려고 4m를 걸음.	팀원이 캠을 돌려주고 활송 장치를 돌려주려고 전등이 달린 전주를 돌아 5걸음 걸음.
대항책	첫 체크 게이지를 테이블에서부터 일터 5와 6 사이에 있는 선반으로 옮김.	전주(장애물)를 없애고 부품 게이지를 45도 옮김.
결과	도구 전환당 걷는 거리를 4m 줄임.	2걸음 줄임.
일자	5월 8일	미시행
제1조 승인	예	예
제2조 승인	예	(정비 부서의 도움을 기다리며 미루었음.)

자신들이 발표하고 있는 문제점들과 대항책을 개발하기 위해 자신들이 활용했던 과정들, 그리고 대항책들이 실적에 미친 효과들을 설명했다. 모든 계층에 있는 사람들, 심지어는 자신이 앞으로 맡기 위해 현재 훈련을 통해 개발되고 있는 직책의 아래 계층에서 일하는 사람들도 다들 작업과 개선을 실험으로써 구축하기를 기대한다는 점을 달리스는 재빨리 깨달았다.

훈련을 통해 습득한 교훈들

비록 다카하시는 달리스에게 체험을 통해 무엇을 배우게 될 것인지 정확하게 말해주지 않았으나, 앞서 기술한 훈련 방법들은 시종일관되고 특수하기 때문에 토요타 생산 시스템의 저변에 깔려 있는 적어도 네 가지 원칙들을 드러내어 보인다. 우리가 1999년에 발표했던 논문에서 기술했던 원칙들과 함께, 다음에 열거하는 네 가지 교훈들은 토요타가 오늘날까지 세계적으로 탁월한 제조업체로 자리매김하고 있는 이유를 이해하는 데 도움을 줄 것이다.

교훈 1: 직접 관찰을 대체할 만한 방안은 없다

훈련 기간 내내, 달리스는 종업원들이 작업하는 것과 기계가 작동하는 것을 지켜보아야만 했다. 그는, 마치 이미 저질러진 범죄를 해결하는 형사처럼, 기계가 오작동한 이유를 '밝혀내는' 대신에 그 기계 앞에 앉아서 기계가 오작동하는 것을 직접 목격할 때까지 기다리라는, 다시 말해서 그가 알아야 할 필요가 있는 것을 그 기계가 말해줄 때까지 기다리라는 지시를 받았다.

가미고에서 있었던 그룹 리더의 프레젠테이션들 가운데 하나에서 이 원칙을 행동으로 표현한 사례가 있었다. 기계 정비를 개선하는 한 프로젝트에서, 오류가 발생하였을 때에만 기계의 문제들이 분명하게 드러난다는 사실을 그 그룹은 명확하게 이해하게 되었다. 오류에 대한 반응으로, 작업자들과 팀 리더들이 그 장치의 내부 작동 상태를 보고 들을 수 있도록, 그리하여 기계가 지닌 문제점들을 평가하고 예상할 수 있는 능력을 향상시킬 수 있도록 작업장의 그룹 리더들이 여러 기계들의 불투명한 덮개들을 제거했다.

이것은 대부분의 회사들이 보고서와 면담, 조사, 대화, 자료 수집, 통계 같은 간접적인 관찰에 의존하는 것과는 아주 다른 접근 방법이다. 이런 간접적인 접근 방법이 틀렸다거나 소용없다는 말이 아니다. 그것들은 그것들대로 가치를 지니고 있으며, 오로지 직접 관찰에만 의존할 경우에 전망(큰 그림)을 잃어버릴 수도 있다. 그러나 직접 관찰은 필수적인 것이며, 간접적인 방법들을 조합한 것이 아무리 현명할지라도 직접 관찰을 대신할 가능성은 없다.

공장을 관리했던 이전의 경험은 달리스가 보다 큰 스케일과 식견으로 작업을 살펴보려는 마음가짐을 갖도록 만들었을 테지만, 다카하시는 달리스가 그처럼 정밀하게 관찰하는 것을 배우지 못했으리라는 보다 높은 식견을 갖고 그에게 프로젝트를 맡겼다.

미국엔진공장에서 보낸 처음 6주일은 달리스가 완료된 작업 주기를 관찰할 수 있는 기회를 2만 3824회나 가졌음을 뜻했다. 그의 작업은 19명으로 이루어진 라인에 국한되었기 때문에 그는 한 사람이 1000회 이상의 작업 주기를 완료하는 것을 볼 수 있었다. 그것이 그에게 라인의 생산성과 안전도에 대한 깊은 통찰력을 심어주었다.

교훈 2: 제안된 변화는 항상 실험으로 구축되어야 한다

과학적 방법에서는 실험이 가설을 검증하기 위해 사용되며 그 결과는 가설을 다듬거나 아니면 폐기하는 일에 사용된다. 달리스의 문제 해결책은 자신의 작업 분석에서 명백하고 검증 가능한 가정들을 심어놓을 수 있도록 구축되었다. 그러므로 그는 훈련 기간 동안 줄곧 예상한 것과 실제적인 결과 사이의 괴리를 설명해야만 했다. 예를 들면 미국엔진공장에서 가졌던 다카하시와의 회합에서, 그는 월요일에 가설들을 제안하고 금요일에는 자신의 실험 결과를 이야기했다. 일본에서 그는 우발적인 관계, 자신이 보았던 문제에 대한 설명, 자신이 추측하는 근원적 이유, 자신이 이룬 변화, 대항책이 실적에 미친 실질적인 효과의 검증으로써 자신이 이룬 변화를 제시해야만 했다.

물론 공정 개선을 시도하는 많은 사람들은 문제점이 무엇인지 또 어떻게 그걸 바로 잡을 수 있는지에 관해 약간의 아이디어를 갖고 있다. 토요타 생산 시스템과의 차이는 토요타 생산 시스템은 문제와 해결책 그 둘에 대한 완전한 이해를 추구한다는 것이다. 이것이 관건이었다. 예를 들면 어떤 관리자가 "부품 선반이 조립자의 손에 더 가까이 있어야 되는지도 몰라. 이걸 여기로 옮기면, 단언컨대 주기를 몇 초 줄일 수 있을 거야"라고 했을 때, 그가 그 일을 실행해서 6초를 줄였다면 그는 분명 무척 기뻐하며 문제가 해결되었다고 생각할 것이다.

그러나 다카하시 같은 토요타의 관리자가 보기엔, 그런 결과는 그 관리자가 자신이 개선하려고 시도하고 있는 작업을 완전히 이해하지 못했음을 가리킬 뿐이다. 왜 그가 선반을 얼마나 멀리 옮겨야 하는지에 대해 좀 더 세밀하게 연구하지 않았을까? 그리고 그는 몇 초나 줄일 수 있으리라고 기대했을까? 4초? 만약 실제로 절약된 시간이 6초라면, 그것은 축하를 받을 만한 이유이지만 한편으로는 추가적인 질문을 불러오는 이유가 된다. 2초의 차이가 발생했던 이유가 무엇일까? 다카하시가 강조하는 명확한 정밀함을 잣대로 하면, 그 차이는 그 공정의 작업 방법과, 어쩌면 보다 중요한 한 특정인과 공정을 개선한 방법에 관한 보다 철저한 조사를 촉발할 것이다.

교훈 3: 작업자들과 관리자들은 가능한 한 자주 실험해야 한다

토요타에서는 시간이 오래 걸리는 복잡한 소수의 실험보다는 재빠르게 끝낼 수 있는 간단한 다수의 실험을 강조한다. 달리스가 일본으로 갔을 때에 이것이 특히 명백해졌다. 미국에서는 그가 (이른다섯 가지가 이루어졌던 주말의 대공세 이전에) 6주 동안에 스물다섯 가지의 변화를 이루었으나, 일본에서는 그가 2차례의 교대 근무에서 쉰 가지의 변화를 이루었으니 이는 22분마다 하나의 변화를 이루었음을 뜻한다.

이것은 대규모의 시스템 설계 변화들이 아니라 소규모의 점증하는 변화들을 통해 배우려는 마음을 달리스에게 심어주었다. 그는 실제로 행해지고 있는 작업을 관찰하고 문제가 일어나고 있는 것을 재빨리 알아본 다음 대항책을 실행하여 자신이 이해하고 있는 것을 신속하게 검증함으로써 자신이 공정에서 '우발사고들', 즉 '장애'를 발견하는 속도를 더욱 빠르게 만들었다. 이것은 정확하게 토요타의 작업자들이 공정 개선에서 실습하는 방법이다. 변화는 오직 한 번만 이루어지기 때문에 그들은 변화 만들기를 '실습'할 수 없다. 그러나 그들은 관찰과 검증의 과정을 여러 차례 실습할 수 있다.

달리스가 자신에게 필요한 실습을 받고 이해한 것을 완전히 내면화하도록 만들기 위해 다카하시는 실험의 복잡도가 점차적으로 늘어나게끔 훈련 계획을 세웠다. 미국엔진공장에서 훈련을 시작했을 때 달리스는 시스템을 전체적으로 이해하는 일을 하지 않고 대신에 사소한 개인 작업 요소들을 변화시키는 일 같은 '단순 요소' 실험들을 실행했다. 더욱이 6주 동안 그가 관찰과 문제 해결 기술을 개발했을 때에만 좀 더 복잡하고 미묘한 기계 문제들을 다루도록 하는, 개인 작업 방식으로 훈련이 시작되었다.

따라서 그는 관찰하기 쉬운 문제들로부터 시작해서 점차 관찰하기 어려운 문제들로 옮겨갔다. 만약 학습 주기가 짧고 의무적이면 배우는 사람이 실수를 저지르더라도 그 결과는 그리 심각하지 않을 것이다. 이 접근 방법은 학습자가 점점 더 기꺼이 자발적으로 위험을 감수하고 실행을 통해 학습하도록 만든다. 달리스가 가미고에서 받은 훈련은 이런 진행 형태를 반영했다. 그는 기계로 옮겨가기 전에 다시 한 번 '과중한 부담'이라는 작업 방법 문제들부터 시작했다.[2]

교훈 4: 관리자들은 손수 고치지 말고 코치만 해야 한다

달리스는 훈련을 통해서 토요타가 지속적인 개선을 이루어내는 방법에 대한 통찰력을 길렀을 뿐만 아니라, 토요타의 관리자들과 작업자들 사이에서 만들어지는 독특한 관계들을 이해하는 데 많은 도움을 받았다. 달리스는 가장 뛰어났다기보다는 적극적으로 참여하고 포괄적인 접근 방법을 사용한 것이었음에도 불구하고 훌륭한 문제 해결사로서 이전의 고용주로부터 포상을 받은 적이 있었다. 이와는 반대로, 그가 토요타에서 본 것은 작업자들과 하위 작업관리자들이 끊임없이 문제를 해결하고 있는 현장이었다. 실제로 관리자의 위계가 상위로 올라갈수록 그 관리자가 직접 문제를 해결하지 않는 듯 보였다.

토요타의 관리자들은 작동자로서의 역할만 하는 사람들처럼 행동한다. 달리스를 훈련시키는 동안에 토요타의 최상위 작업관리자인 다카하시는 기술적인 전문가가 아니라 선생이면서 코치로서의 역할만 맡았다. 그는 달리스에게 무엇을 어떻게 배우라고 분명하게 말해주지 않고 체험을 통해서 알도록 만들었다. 심지어 특수한 기술을 알려주는 경우에도 그런 기술들은 순전히 달리스의 관찰과 실험을 돕기 위한 것이었다.

예를 들면 다카하시는 스트레스와 낭비된 노력 등등의 실례를 가려내기 위해 개개의 작업자들을 관찰하는 방법을 달리스에게 보여주었고, 또한 시작품을 만드는 방법에 관해 분명하게 조언해주었다. 그러나 그는 결코 실제적인 공정 개선을 암시해주지는 않았다. 오히려 그는, 다양한 형태의 스트레스, 긴장감 또는 잘못을 찾기 위해 이 사람이나 저 기계를 연구하라는 식으로 그런 개선들을 이룰 기회를 찾는 방법과 가능한 대항책을 개발하고 검증하는 방법에 관해 지침만 주었다.

다카하시는 신속하게 행동하기 위해 필요한 자원들도 주었다. 예를 들면 가미고에서는 장비를 옮기고, 설비를 만들고 전선 및 파이프를 이설하고, 그리고 여타의 숙련된 교체 작업을 준비할 때에 정비 작업자들의 도움을 받았기에 달리스는 가능한 한 많은 아이디어들을 검증해볼 수 있었다.

다카하시와 공작실 관리자 역시 달리스의 아이디어들을 검토하기 위해 기계 공작 작업 셀로 찾아왔다. 그들은 도와주는 작업자들에게 부품을 만들거나 설비를 재배치하라고 요청하기 전에 그의 변화들을 이끌어 가는 것에 관해 몇 가지 조언도 해주었다. 달리스가 부품들을 테스트한 몇몇 게이지들을 교체하고 싶어 했을 때 공작실 관리자는 위치와 놓인 상태, 크기 등등을 테스트할 수 있는 판지로 된 시제품을 신속하고 비용을 적게 들여 제작하는 방법을 그에게 보여주었다.

이런 흔치 않은 관리자-작업자 관계가 가져다준 결과는 조직의 모든 계층에서 고도의 정교한 문제 해결이 이루어진다는 점이다. 달리스는 "이전에 엔진 공장 사람이었던 나는 (가미고에서) 설치한 지 15년이나 지났으나 90종의 상이한 형태의 엔진들을 만들 수 있는 능력을 가진 한 라인을 보았습니다. 그들이 그런 간단한 장비로 그처럼 많은 문제들을 해결하다니 놀라울 뿐이었습니다. 변화들의 이면에는 상당히 깊은 통찰 행위가 숨어 있었죠"라고 말했다.

회사의 기본적인 철학은 만약 모든 계층에서 충분한 사람들이 충분할 만큼 면밀하게 관찰하고 실험한다면 어떤 작업 시스템이든 개선할 수 있다는 것이다. 만약 거물들만이 변화를 이루기를 기대한다면 '보잘것없는' 것들은 모두 무시되어버릴 것이다. 미국엔진공장에서 3개월 동안 근무했던 달리스가 토요타 최고 수준의 공장들 가운데 하나인 가미고에서 다른 사람들이 쉰 가지의 개선 작업을 실행할 수 있도록 힘을 불어넣어줄 수 있었다는 사실은 토요타가 경쟁자들보다 앞서 있는 이유를 깊이 생각해보도록 만든다.[3]

지속적인 실험을 통한 학습이 리더를 만든다

달리스가 훈련을 통해 올바른 교훈들을 습득했는지를 알아보기 위해 다카하시는 그를 다시 교습이 시작되었던 미국엔진공장으로 되돌려보냈다. 앞서 살펴보았듯이, 달리스는 일본으로 가기 전에 이미 조립 라인의 노동생산성과 인간공학적 안전도에 상당한 개선을 이루도록 도왔다. 그러나 그는 작업적 가용도를 95%까지 끌어올릴 수 없었다. 달리스가 그 공장으로 되돌아온 것을 계기로 다카하시는 그에게 그 목표 달성을 다시 시도하도록 지시했다. 달리스는 자신을 주로 문제 해결사라고 자처했던 이전과 많이 다른 모습이었다.

다카하시의 도움을 받아, 라인의 팀원들과 팀 리더들의 문제 해결 기술을 개발하기 위해 달리스는 라인의 그룹 리더들과 보조 관리자들과 함께 일했다. 팀들이 사소한 문제들을 해결하는 방법을 배움으로써, 문제가 발생했을 때 라인이 신속하게 복구할 수 있도록 만드는 것이 주안점이었다. 예를 들면 팀은 어떤 작업이 반드시 수행되어야 하는지 추적하는 일과 문제가 발생되었을 때 그 문제의 본질을 확인하는 데 어려움이 있음을 깨달았다. 그러므로 그 팀은 무엇이 잘 진행되는지, 무엇이 잘못되고 있는지, 그리고 무엇을 해야 할 필요가 있는지 같은 작업의 '가시적 관리'를 개선해야만 했다.

달리스는 그룹 리더와 보조 관리자와 함께 모여 앉아 특수한 문제들을 확인하는 일과 팀원들에게 그런 확인 책임을 할당하는 일의 스케줄을 만들었다. 팀원들이 관찰하고 대항책을 개발하면 달리스는 다카하시가 했던 만큼 자주 찾아가서, 그들이 자신에게 할당된 문제가 발생되었을 때 보다 세밀하게 관찰할 책임을 절감하도록 만드는 특수한 질문들을 했다. 다행스럽게도 그 그룹은 스케줄보다 빨리 목표를 달성했고 작업적 가용도를 99%까지 끌어올렸다.

달리스는 달라진 초점을 안고 미국으로 돌아왔다. 달리스는 다카하시가 자신의 훈련을 관리했던 방법으로부터, 그리고 다른 사람들의 훈련에서 자신이 보았던 것들로부터 자신과 같은 상위관리자는 직접적인 개선을 이루는 일이 아니라 지속적인 실험을 통해 학습한 일단의 훌륭한 그룹 리더들을 양성하는 일에 모든 노력을 경주해야 함을 배웠다. 미국엔 진공장에서의 95%라는 작업적 가용도 목표는 변함이 없었으나, 그는 이제 그것이 실제로 누구의 목표인지 알게 되었고 자신의 목표가 아님도 깨달았다. 그리고 다카하시는 드디어, 앞으로 항시 전념해야 하는 관리 책임을 떠맡도록 달리스를 훈련과정으로부터 해방시켜주었다.

토요타가 실제로 일하는 방식을 이해하고자 애쓰고 있는 사람에게는 달리스가 받았던 전반적인 집중 교육 같은 것을 대신할 만한 대안은 아마도 없을 것이다. 토요타 생산 시스템은 개선시켜야 할 뿐만 아니라 충분히 이해하려고 노력해야 하는 시스템이다. 그 밖에도, 달리스처럼 경험의 유무와는 상관없이 중도에 외부로부터 토요타에 입사하는 사람들은, 극소수의 조직들만이 달성했던 속도로 개선과 변경을 이룬 긴 역사를 지니고 있는 조직 안으로 들어오는 것이다. 그런 강력하고 독특한 문화를 불과 몇 주일 또는 기껏해야 수개월 안에 재창출은 물론이고 동화시키는 것을 아무도 기대할 수 없다.

그럼에도 불구하고 달리스가 참가했던 것과 같은 훈련 프로그램을 개발해서 실행하는 회사는 분명 막대한 이익을 얻게 될 것이다. 작업 설계에 그런 원칙들을 원용하며, 그리고 그런 원칙들을 원용하도록 자사의 관리자들을 훈련시키는 조직은 토요타 생산 시스템의 유전자를 복제하는 일의 훌륭한 출발점에 서게 될 것이다.

:: 원칙들의 힘

토요타가 특별한 도구들과 공정이 아닌 기저에 깔려 있는 원칙들을 응용한다는 사실을 깨달으면 이 회사가 지속적으로 경쟁자들을 앞서는 실적을 거두는 이유를 알 수 있게 된다. 많은 회사들이 토요타의 원칙들과는 동떨어진 도구들을 모방하려고 시도했다. 그 결과, 많은 회사들이 단기적으로는 잘 작동되었지만 시간이라는 시련을 이겨내지 못했던 경직되고 유연성이 결여된 생산 시스템을 만들고 말았다.

토요타 생산 시스템이 도구보다는 원칙들을 적용하는 것임을 인식하면 토요타와는 유사한 점이 하나도 없는 회사들도 토요타의 성공에 밑받침이 된 자원들에 다가갈 수 있다. 토요타의 별개의 부품들을 제작·조립하는 작업과 유사한 점이 거의 없는, 제련과 광석 용해 등등의 대규모 공정들을 가진 회사인 앨코아(Alcoa)는 토요타 생산 시스템의 원칙들을 원용하여 만든 앨코아 비즈니스 시스템(ABS, Alcoa Business System)을 바탕으로 운영한다. 앨코아는 안전성, 생산성, 품질에 개선을 이루어낸 1998~2000년까지 11억 달러를 절감했다고 한다.

또 다른 사례로 피츠버그 대학 메디컬센터와 여타의 보건 의료 기구들을 들 수 있다. 이 원칙들을 원용하여 만들어진 파일럿 프로젝트들은 약물 관리, 간호, 기타 중요한 과정들에서 엄청난 개선을 가져와 원가 절감과 운영 효율 제고를 가져다주었을 뿐만 아니라 환자들에게 보다 양질의 간호 행위를 제공하고, 작업자들의 비생산적인 부담들을 해소시켰다.

8

공급망 안에서 인센티브 정렬하기

V. G. 나라야난
V. G. Narayanan

아난스 라만
Ananth Raman

요약 | 공급망 안에서 인센티브 정렬하기

대부분의 회사들은 공급망들이 마치 애덤 스미스(Adam Smith)가 주장했던 보이지 않는 손에 의해 인도되기라도 한 듯 아무런 방해를 받지 않고 효율적으로 일해주기를 기대한다. 50개 이상의 공급망을 연구했던 필자들은, 회사들이 종종 자사만의 이해관계는 용의주도하게 돌보지만 공급망 파트너들의 이해관계를 무시하기 때문에 공급망이 형편없는 실적을 거둔다는 사실을 발견했다. 공급망들이 여러 직능들에 걸쳐 여러 회사들로 구성되어 있고, 각기 자사의 우선순위와 목표를 갖고 있다는 사실을 생각하면 그 결과는 그리 충격적이지 않다. 공급망이 신속하고 원가 효율적으로 재화 및 서비스를 소비자에게 공급하기 위해서는 그런 모든 직능들과 회사들을 같은 방향으로 끌어들여야 한다.

필자들에 의하면, 사업을 수행하면서 생기는 위험들과 비용들, 포상들이 네트워크 전체에 균등하게 배분될 때에만 공급망은 좋은 성과를 낼 수 있다. 사실, 잘못 정렬된 인센티브들은 종종 과잉 재고, 재고 품절, 부정확한 예측, 부적절한 판매 노력, 심지어는 형편없는 고객 서비스의 원인이 된다. 모든 회사들이 고객들에게 봉사하려고 다함께 일한다면 그들은 모두 승리한다. 그러나 그들은 인센티브들이 정렬되어 있을 때에만 그렇게 할 수 있다.

회사들은 인센티브의 정렬이 제대로 되지 않은 경우가 있음을 인식해야 하며 그런 다음에는 그렇게 된 근원적인 요인들을 밝혀내고 인센티브들을 정렬 또는 재설계해야 한다. 예를 들어 수익 공유 계약을 채택하거나 이전에는 감추어져 있던 정보를 추적하는 테크놀로지를 활용하거나 네트워크 파트너들 사이의 신뢰를 구축하기 위해 중개인과 함께 일하는 등의 방법에 의해 정렬 상태를 개선할 수 있다. 비록 최고의 실적을 올리고 있는 공급망일지라도 테크놀로지나 사업 여건의 변화에 따라 인센티브 정렬이 바뀌기도 하므로 인센티브를 정기적으로 재평가하는 일은 중요하다.

공급망 안에서 인센티브 정렬하기

네트워크 이익 극대화하기

사람들에게 칭송받던 시스코(Cisco)의 공급망이 무너졌다는 이야기를 들었던 그날을 윌가는 아직도 기억하고 있다. 2001년 4월 16일, 광란의 월요일에 세계 최대의 네트워크 장비 제조사는 회사가 곧 약 25억 달러에 달하는 잉여 원자재를 폐기할 것이라고 경고함으로써 투자자들을 경악시켰다. 이 일은 미국 비즈니스 역사상 가장 액수가 큰 재고 감가상각들 가운데 하나였다. 이 회사는 5월에 해당 분기의 순손실액이 26억 9000만 달러라고 보고했고, 그런 발표를 한 당일 회사의 주가는 약 6% 하락했다.

어쩌면 시스코가 미국이 경기침체로 빠져드는 속도에 허를 찔렸는지도 모른다. 공급망 관리의 전형인 이 회사가 한 분기 판매량의 절반 정도에 달하는 25억 달러라는 거액에 해당하는 수요를 잘못 읽는 사태가 어떻게 발생했을까? 전문가들은 이 회사가 새로이 도입한 수요 예측 소프트웨어에 문제가 있다고 지적했고, 분석가들은 상위경영자들이 위험이 다가옴을 직시하려 하지 않았다고 비난했지만 그들 대부분은 오판을 했다.

사실, 이 사태가 벌어지기 이전 18개월 동안 시스코의 공급망들이 취했던 행동 방식 때문에 시스코는 결국 필요하지 않은 기판과 반도체를 엄청나게 보유할 수밖에 없었다. 시스코는 생산 시설을 갖고 있지 않아서 주문이 들어오면 그것을 계약 제조업자에게 전달했다. 시스코 제품들에 대한 수요가 통상적으로 공급을 초과했기 때문에 계약 제조업자들은 반제품들을 재고로 쌓아두었다. 그들이 완충 재고를 비축한 이유는 인센티브 때문이었다. 그들이 신속하게 제품을 공급했을 때에는 그 대가로 시스코는 포상을 했다. 다수의 계약 제조업자들은 시스코가 교섭하여 결정해놓은 것보다 낮은 가격으로 부품 공급자들로부터 대규모로 구매함으로써 이윤을 늘렸다. 계약 제조업자들과 부품 공급자들은 과잉 재고를 쌓아두더라도 얻을 것은 많고 잃을 것은 하나도 없었기 때문에 시스코의 실제적인 니즈는 아랑곳하지 않고 재고를 쌓아두기 위해 초과근무도 마다하지 않았다.

2000회계연도의 상반기에 수요가 줄어들었으나 시스코는 신속하게 공급을 줄일 수 없었다. 더욱이 시스코가 공급자들에게 무엇을 생산하라고 요청했는지 또 계약자들이 시스코의 주문을 예상하여 무엇을 제조하였는지 분명하지 않았다. 많은 계약자들은 자신들이 생산한 것은 모두 구매할 것임을 시스코가 암묵적으로 확약했다고 믿었다. 시스코는 계약 제조업자들과 부품 공급자들에게 책임과 의무를 명시해주지 않았기 때문에 초과 재고의 대부분은 자사의 창고 안에 쌓이게 되었다. 그러나 시스코의 파트너들이 회사나 공급망에 가장 이익이 되는 방향으로 행동하지 않았기 때문에 공급망 역시 내부로부터 붕괴되었다.

되돌아보는 뜻에서 이렇게 묻고 싶다. "모든 사람들이 무슨 생각을 하고 있었을까?" 그러나 시스코의 공급망은 예외라기보다는 규칙이다. 대부분의 회사들은 소비자들에게 재화 및 서비스를 제공하기 위해 공급망을 구축하는 동안 자신들의 파트너들이 취하는 행동에 대해서는 신경을 쓰지 않는다. 심리학자가 아닌 엔지니어들이 공급망들을 구축하고, 모든 회사들은 자사만의 이해관계를 극대화하는 방식으로 행동하며, 그렇게 하는 것이 공급망의 이해관계도 극대화시키리라고 잘못 가정한다.

이런 잘못된 관점에서 보면, 애덤 스미스가 2세기보다 훨씬 더 전에 시장에 관해 주장했듯이, 개인적 혜택 추구는 집단선(集團善)으로 이끈다. 회사는 공급망들이 마치 스미스가 주창한 보이지 않는 손에 이끌리듯 아무런 방해를 받지 않고 효율적으로 일해주기를 기대한다. 지난 10년 이상 계속되어온 우리의 연구에 따르면 경영자들이 지나치게 많은 가정을 했다. 그동안 연구했던 50여 개 이상의 공급망들에서, 우리는 회사들이 공급망의 이익을 극대화하는 방향으로 일하지 않았고 그 결과 공급망들의 실적이 형편없었음을 발견했다.

공급망들이 여러 직능에 걸쳐 많은 회사들로 구성되어 있으며 그들은 각기 자신들의 우선순위와 목표를 갖고 있음을 고려한다면 그런 발견은 그다지 충격적이지 않다. 그럼에도 불구하고 공급망들이 재화 및 서비스를 신속하고 원가 효율적으로 공급하도록 보장하려면 그 직능들과 회사들을 모두 같은 방향으로 끌어 모아 정렬시켜야 한다. 경영자들은 조직 내부의 문제들은 해결하지만 회사 사이의 문제들은 간과해버리는데 이는 후자를 추적하기가 어렵기 때문이다.

또한 그들은 자신들이 직접 관리하지 않는 일단의 사업체들에 대해 역할과 책임, 의무 따위를 규정하는 일은 지루하고 시간을 허비하는 짓이라고 생각한다. 그 외에도, 각각의 조직들은 다른 문화를 갖고 있고 회사들은 자사의 파트너들에게 동기를 부여할 수 있는 공통된 신념이나 충성심에 의존할 수 없기 때문에 여러 회사들을 아우르는 협조적인 행동을 수행하기 어렵다. 공급망들이 모든 사람에게 최선인 방식으로 행동하게끔 유인하려면 회사들은 금전적인 인센티브를 만들거나 기존의 인센티브를 수정해야 한다.

회사의 인센티브들이 정렬되면, 즉 사업을 하면서 부담하는 위험, 비용, 포상이 전체 공급망에 공정하게 배분된다면 공급망은 좋은 성과를 낼 것이다. 하지만 인센티브들이 정렬되어 있지 않으면 회사의 행동이 공급망의 실적을 최적화시키지 못한다. 실제로 정렬 불량의 인센티브들은 종종 과잉 재고, 재고 품절, 부정확한 예측, 부적절한 판매 노력, 심지어는 형편없는 고객 서비스의 원인이 된다.

공급망 안에서 인센티브들이 정렬되지 않았을 때에 위험에 처하는 것은 운영 효율만이 아니다. 최근 수년 동안, 많은 회사들이 공급 비용은 다소 고정적이라고 전제하여 파이의 더 큰 조각을 차지하려고 공급자들과 다투었다. 예를 들면 미국 자동차 제조업자들은 매년 자동적인 가격 인하를 요구함으로서 중소 공급자들의 반감을 샀다.

그러나 우리가 조사한 바에 따르면, 한 회사는 파트너들의 인센티브들을 정렬함으로써 파이 자체의 크기를 키울 수 있었다. 따라서 공급망 구성원들 모두의 운명은 연결되어 있는 셈이다. 재화 및 서비스를 소비자들에게 효율적으로 공급하기 위해 회사들이 함께 일한다면 그들 모두가 이길 것이다. 그렇지 못하면 그들 모두가 다른 공급망에게 패배하게 될 것이다. 도전해야 할 일은 자사의 공급망 안에 들어 있는 모든 회사들이 모두가 이길 수 있는 게임을 하도록 만드는 것이다. 그렇게 하려면 인센티브들을 정렬하는 일에 의존할 수밖에 없다.

인센티브가 정도를 벗어나는 이유

심지어는 공급망 파트너에게 무엇이 최선인지 명백하게 드러났음에도 불구하고, 자사의 공급망 파트너들은 모든 사람들에게 최선의 이해관계를 가져다주는 일을 하지 않으려고 한다며 회사들이 종종 우리에게 불만을 털어놓았다. 우리가 보기에 이런 방해자적 태도는 인센티브들이 정도를 벗어나 있고 회사들이 다른 목적들을 추구하고 있음을 무심코 누설하는 신호이다.

공급망에서 인센티브와 관련된 문제들이 발생하는 데에는 세 가지 이유가 있다.

첫째, 회사들이 공급망 파트너의 행동을 관찰할 수 없으면 그들은 파트너에게 공급망을 위해 최선을 다해달라고 설득하기 어렵다. 간단한 예를 들어보겠다. 월풀(Whirlpool)은 세탁기의 판매를 시어스(Sears) 같은 소매점들에 의존하는데, 이는 소매점들의 판매원들이 소비자의 의사결정을 좌지우지하기 때문이다. 만약 월풀이 자사 제품에 높은 이익률을 붙여주지 않으면 시어스는 월풀 세탁기 대신 이익률이 높은 제품들을 밀어넣거나 아니면 물건을 사러온 사람들에게 자가 상표 브랜드인 켄모어(Kenmore)를 사라고 권유할 것이다. 그러나 월풀은 시어스가 자사의 제품을 밀어붙이기 위해 들이는 노력을 관찰할 수도 추적할 수도 없다. 시어스가 취하는 행동들을 월풀은 파악할 수 없으므로 소매점이 두 회사에 최선이 되는 일을 하도록 유인하는 인센티브를 만들기가 무척 어렵다는 점을 제조업자는 알게 된다. 우리가 이름 붙인 용어인 그런 '숨겨진 행동들'은 공급망을 따라 모든 곳에 존재한다.

둘째, 한 회사가 공급망 안에 있는 다른 회사는 갖지 못한 정보나 지식을 갖고 있을 때에는 이해관계들을 정렬하기 어렵다. 예를 들면 미국 자동차 관련 중소 공급자들의 대부분은 자기네들의 원가 데이터를 제조업자와 공유하면 빅스리 자동차 제조업자들이 그 정보를 중소 공급자들의 이익률을 줄이는 데 이용할까 봐 두려워한다. 그런 이유 때문에 공급자들은 제조업자들이나 다른 회사들이 그런 데이터들을 수집할 수 있도록 해줄 개선 제안에 참여하기를 주저한다. 공급자들이 정보 숨기기를 고집하기 때문에 빅스리의 공급망은 효율적으로 기능하지 못한다.

셋째, 인센티브 계획이 나쁘게 설계되어 있으면 의도했던 성과를 얻지 못한다. 이 문제에 관해 우리가 자주 제시하는 사례는, 상점들에서 재고량을 늘릴 필요가 있다고 느꼈던 캐나다의 빵 제조업자이다. 빵 제조업자는 상점들에 있는 진열대의 일정 면적을 배달원들에게 할당하고 그 진열대에서 팔려나간 수량을 기초로 해서 배달원들에게 수수료를 주었다. 심지어는 경쟁 제빵업자들이 제품 가격을 대폭 할인해서 소비자들에게 파는 날에도 배달원들은 진열대에 빵을 가득 채웠다. 결국 그 제빵업자는 엄청난 수량의 딱딱해진 빵 무더기들을 폐기 처분해야 했고 결과적으로 비용만 날린 셈이었다. 배달원들은 상당한 액수의 수수료를 벌었지만 발상이 좋지 않았던 인센티브 계획 덕분에 회사의 이익은 감소했다.

인센티브 정렬하기

우리는 회사들이 세 단계를 거치면서 인센티브들을 정렬시켜야 한다고 제안한다. 우선 경영자들은 정렬에 잘못이 있음을 인정할 필요가 있다. 그런 다음에 그들은 문제의 요인들을 추적하여 그 요인들이 숨겨진 행동들이나 숨겨진 정보, 나쁘게 설계된 인센티브의 어느 범주에 해당되는지를 알아내어야 한다. 마지막으로, 우리가 이 글의 후반부에서 자세하게 기술할 세 가지 접근방법들 가운데 하나를 활용해서 회사들은 파트너들로부터 자신들이 바라는 행동들을 이끌어내기 위해 인센티브들을 정렬하거나 재설계할 수 있다.

전제를 수용하라

우리가 경영자들을 상대로 비공식적인 여론조사를 실시해보았더니, 그들은 대부분 인센티브 정렬이 문제점이라고 생각하지 않았음을 시인했다. 인센티브와 공급망 문제들 사이의 관계를 처음에는 파악하기 어렵다. 또한 경영자들은 인센티브가 맞지 않을 수 있다는 사실을 깨닫기에 충분할 정도로 다른 회사들의 상세한 운영 내용을 파악하지는 못한다. 게다가 인센티브를 늘리면 오로지 자사에서 구매하는 제품 또는 서비스의 가격 인하를 협상하려고 시도하는 것으로 파트너들이 의심할 수도 있기 때문에 회사들은 금전적인 인센티브를 주제로 삼는 일을 피하려는 경향이 있다.

회사들이 이런 심리적인 장애들을 극복하면 인센티브의 잘못된 정렬을 찾아내기가 비교적 수월해진다. 회사들은 인센티브 변경 발의를 개시할 때마다 문제들이 표면에 드러나는 것을 예상해야 한다. 이는 이런 변경 발의들은 가장 많은 혜택을 받는 당사자의 인센티브를 수정하게 되고, 또 당사자들의 대부분은 인센티브들이 종래와는 달리 정도를 벗어났을 때 큰 소리로 항의하기 때문이다.

예를 들면 1990년대 말, 캠벨수프(Campbell Soup)로부터 리즈클레이본(Liz Claiborne)에 이르는 모든 사업들이 재고를 자체적으로 관리함으로써 채찍 효과, 즉 수요의 증폭된 변동에 대응하고 있었다. 주문 수량 등을 결정하는 일을 도매상들과 소매상들에 의존하는 대신 회사들은 구매 의사결정을 위해 중앙집중적인 물류 부서들을 만들었다. 이러한 발의들이 회사의 공급망에 도움을 줄 수도 있었음에도 불구하고, 제조업자들이 자신들의 역할을 무시했다고 확신한 도매상들과 소매상들이 공개적으로 저항해 그 발의들은 실패했다.

원인을 정확하게 지적하라

경영자들은 인센티브 문제들의 근원을 파악해야 하며, 그래야만 인센티브를 제자리로 되돌려놓을 수 있는 최선의 접근방법을 선택할 수 있다. 여러 회사들에 컨설팅을 해줄 때 우리는 이 목적을 달성하기 위해 종종 역할 연기 기법을 사용한다.

상위관리자들에게 그들 또는 자사의 공급자들이 자신들의 이해관계 대신 공급망의 이해관계에 초점을 맞추었더라면 다르게 했을 법한 의사결정들을 식별해보라고 요청한다. 그런 다음에 의사결정자가 그렇게 행동했던 이유를 물어본다. 몇몇 사례에서는 관리자가 부적절한 훈련을 받았거나 불충분한 의사결정 도구들을 갖고 있음을 암시하는 대답을 듣는다. 그러나 대부분의 경우 그들은 서로 맞지 않는 목표들을 지적한다. 그러면 우리는 그런 의사결정들의 동기가 된 것이 숨겨진 행동들이거나 숨겨진 정보 또는 잘못 설계된 인센티브들이었는지를 가려내려고 노력한다.

인센티브를 정렬하는 일은 여타의 공급망 도전들과는 아주 다르므로 등식들과 산술이 포함된 체계화된 문제 해결 과정을 따라야 한다. 우리가 경험한 바로는 자사의 공급망 안에 들어 있는 대부분의 회사들이 갖고 있는 행동 동기들을 이해하는 관리자들만이 인센티브와 관련된 문제들을 해결하려고 적극적인 행동을 보인다. 정렬을 하려면 마케팅과 제조, 물류, 재무 같은 직능들에 대한 이해력도 필요하기 때문에 그 과정에 상위관리자들이 포함되는 것은 필수적이다.

정렬 또는 재설계하라

회사들이 일단 인센티브 문제들의 근원적 이유들을 확인하였다면, 인센티브를 제자리로 되돌려놓기 위해 계약, 정보, 신뢰에 기초한 세 가지의 해결책들 가운데 어느 하나를 사용할 수 있다. 대부분의 조직들은 전체 공급망의 인센티브들을 재설계할 수 있을 만한 영향력을 갖고 있지 않으므로 자신들과 직접 연결되는 파트너들의 인센티브들만 바꿀 수 있다. 인센티브들을 정렬하는 주체가 공급망 안에서 가장 큰 회사인 경우도 종종 있으나, 회사의 규모는 이 목적을 위한 필요조건이 아니며 충분조건도 아니다.

1980년대 말, 1억 3600만 달러 규모의 발열선 공급자인 스웨덴의 칸탈(Kanthal)이 350억 달러 규모의 GE가 사전 예고 없이 규격을 바꿀 때마다 벌금을 부과했다고 말했다. 막강한 GE는 자사의 소규모 파트너가 요구하는 대로 계약 내용의 변경에 동의했고 그 결과 인센티브들은 더욱 잘 정렬되었다.

계약 재체결하기

회사들이 공급망들의 인센티브들을 정렬할 수 있는 한 가지 방법은 파트너 회사들과의 계약을 변경하는 것이다. 잘못된 정렬이 숨겨진 행동들에 기인할 때에는, 경영자들이 산출된 결과를 기초로 하여 파트너들에게 포상을 하거나 벌금을 부과한다는 내용의 계약을 체결함으로써 그런 행동들을 표면에 드러나게, 다시 말해 감추지 않게 만들 수 있다.

앞에서 들었던 시어스의 사례를 다시 한 번 살펴보자. 시어스의 판매원들이 제조업자의 세탁기를 판촉하기 위해 어떤 일을 하는지 월풀은 알 수 없었을는지 모르나 그들의 노력이 산출한 결과, 즉 증가 혹은 감소된 판매량을 추적할 수 있으며 결과에 따라 포상해주는 합의서를 만들 수 있다.

잘못 설계된 인센티브들이 문제일 경우에는 계약을 변경해야 한다. 판매량에 따라 수수료를 받는다는 계약 때문에 배달원들이 상점에다 재고를 넘치도록 쌓아두었던 캐나다의 제빵업자의 사례를 다시 생각해보자. 그 회사는 추적 가능한 상점에 쌓인 딱딱해진 빵들에 대해 벌금을 부과하기로 계약을 변경함으로써 배달원들의 행동을 바꾸었다. 벌금이 상점들에 과잉재고를 쌓는 인센티브를 줄이기는 했으나 수수료를 받기 때문에 배달원들은 여전히 진열대에 적정한 재고를 채워두려고 노력했다.

사소한 변화처럼 보이겠지만 실제로는 매우 의미 있는 변화다. 회사들은 종종 계약 재설계가 지닌 힘을 과소평가한다. 인센티브들에서의 사소한 변화가 공급망들을 변화시킬 수 있으며 그 일이 신속하게 진행되도록 만든다. 소비자 전자제품 소매상 체인인 트위터(Tweeter)가 1996년 5월에 손실을 내고 있던 브린모르스테레오앤비디오(Bryn Mawr Stereo and Video, 이하 브린모르)를 인수했던 사례를 들어보자.

브린모르 매장들은 경쟁자들보다 낮은 판매량을 기록하고 있었다. 브린모르가 매장 관리자들에게 제시한 인센티브들로는 판매고를 더 높이 끌어올릴 수 없으리라는 사실을 트위터의 경영자들은 금세 알아차렸다. 예를 들면 트위터는 매장들에서 물건을 도난당할 경우 매장 관리자들에게 원가의 극히 일부분만 변상시킨 데 반해, 브린모르는 판매가격 전액을 관리자들의 급여에서 공제했다.

이로 인해 매장 관리자들은 판매액을 늘이는 것보다 도난 방지에 더욱 압박감을 느꼈다. 그리고 그들의 행동은 심리상태를 그대로 반영했다. 그들은 오디오테이프와 배터리 같은 충동구매 제품들을 자물쇠를 채운 진열장 안에 두어 도난사고를 줄였다. 하지만 판매 역시 줄어들었다. 그들은 소비자들에게 제품을 보여주는 일보다 영수증을 살피는 일에 더 많은 시간을 썼다. 제품을 인수하는 동안에는 재고 손실을 확실하게 막기 위해 매장 문을 닫았다. 그러는 과정에서 입게 될 손실에 대해서는 아랑곳하지 않았다.

브린모르를 인수한 이후, 트위터는 재고 손실액을 브린모르 매장 관리자들의 급여에서 공제하는 일을 중단했고, 그들의 매장에서 발생한 이익의 일정 부분을 포상금으로 지급하기 시작했다. 판매와 재고 손실 둘 다 이익에 영향을 미치지만, 트위터는 판매가 재고 손실에 대해 상대적으로 갖는 중요성을 효율적으로 증대시켰다. 따라서 매장 관리자들은 재고 손실을 줄이기보다는 판매량을 증대시키기 위해 노력을 집중했다.

트위터는 브린모르라는 상호를 그대로 사용하고 제품 구성도 그대로 유지하고 매장 관리자들도 바꾸지 않았다. 하지만 1997년에 브린모르의 판매액은 평균 10% 증가했다. 매장 관리자들이 소비자들이 만져볼 수 있도록 제품들을 선반들 위로 옮겨놓자 재고 손실액 역시 매장당 월 122달러에서 월 600달러로 증가했다. 하지만 12개월 동안 브린모어의 최종순이익은 판매액의 2.5%로 올라갔다.

트위터는 브린모르에서 새로운 문화를 만들기 위해 사람들을 바꾸지는 않았다. 그저 그들의 인센티브를 바꾸었을 뿐이었다(더 자세히 알려면

2000년 9월호 『하버드 비즈니스 스쿨 워킹 페이퍼』에 실린 니콜 데호라티우스 (Nicole DeHoratius)와 아난스 라만(Ananth Raman)의 「Impact of Store Manager Incentives on Retail Performance」를 참조하기 바람).

액수를 늘리기보다는 파트너들에게 지급하는 방법을 바꿈으로써 회사들은 공급망의 실적을 향상시킬 수 있다. 그런 일이 일어나면 공급망 안에 있는 모든 기업들이 예전보다 더 많은 돈을 벌 수 있다(이 글 마지막에 있는 '인센티브 정렬의 경제성' 참조). 1990년대에, 유니버설스튜디오(Universal Studios)와 소니픽쳐스(Sony Pictures) 같은 할리우드 영화사들은 블록버스터 (Blockbuster)와 무비갤러리(Movie Gallery) 같은 비디오 소매상들에서 빈번하게 발생하는 재고 품절들이 중요한 문제점으로 자리 잡고 있음을 발견했다. 상점의 선반에 재고품이 없다는 것은 모두에게 고통을 안겨준다는 의미였다. 즉 영화사들은 잠재적 판매를 상실했고, 비디오 대여 회사들은 수입이 줄었으며 소비자들은 마음이 상한 채 집으로 돌아갔다.

영화사들과 소매상들의 인센티브들이 정렬되어 있지 않았기 때문에 재고 수준들이 낮았다. 영화사들은 한 비디오테이프당 60달러에 영화 복사본을 소매상들에게 팔았다. 평균적인 대여료를 3달러로 가정했을 때, 소매상들이 손익분기점에 도달하려면 각 테이프마다 최소한 20회는 대여되어야 했다. 영화사들은 더 많은 수량의 테이프를 팔고 싶어 했으나 소매상들은 보다 적은 수량의 테이프를 사고 그것들이 더 자주 대여되기를 바랐다.

영화사들과 소매상들이 수익 배분의 가능성을 탐색했을 때 인센티브들이 부각되기 시작했다. 영화사들이 영화의 복사본 하나 만드는 데 겨우 3달러만 필요하므로 그들은 맨 처음 소비자가 테이프를 빌려 가면 투자액을 전액 회수할 수 있었다. 이론적으로, 그것은 영화사들은 소매상들이 유지하는 재고량보다 훨씬 많은 복사본을 재고로 유지할 수 있음을 뜻했다. 그러나 이 모델이 제대로 일을 해내기 위해서는, 영화사들도 테이프의 판매를 통해서가 아니라 소매상들이 하듯이 대여를 통해서 수입을 올릴 필요가 있었다.

비디오 대여 회사들이 수익 공유 계약을 제의했던 1990년대 말, 영화사들은 이의를 제기하지 않았다. 그들은 테이프당 약 3달러의 가격으로 소매상들에게 팔고 매번 대여에서 생기는 수익의 50%를 받기로 합의했다. 그러나 수익 공유 시스템이 제대로 돌아가기 위해서는 영화사가 소매상들의 수익과 재고를 파악하여야 했다.

영화사들과 비디오 대여 회사들은 렌트랙(Rentrak)이라는 중개인을 내세웠는데, 이 회사는 소매상의 컴퓨터화한 기록들로부터 데이터를 확보하고 모든 테이프들이 계산에 포함되었음을 보장하기 위해 상점들에 대한 현지 감사를 실시했다. 실제로, 만약 렌트랙이 공급망에서 이전에는 숨겨져 있던 정보를 겉으로 드러내지 못했더라면 계약을 바탕으로 한 해결책은 제대로 효과를 발휘할 수 없었을 것이다.

한 해가 다 가기도 전에, 수익 공유 계약은 비디오 대여산업에서 행복한 결말을 이끌어냈음이 명백해졌다. 영화사들의 이익은 증가했고, 소매상들은 더 많은 돈을 벌어들이기 시작했으며, 소비자들은 더 이상 실망감을 안고 대여점을 나서지 않게 되었다. 산업 전문가들은 미국 내에서의 비디오 대여 수익이 15% 증가되었고 영화사들과 소매상들은 5%의 이익 성장률을 실현했다고 추정했다. 비디오 대여점들에서 수익 공유 이전에 25%이었던 재고 품절 비율이 수익 공유 이후에는 5% 이하로 떨어졌다는 사실이 어쩌면 가장 중요한지도 모른다.

숨은 정보 드러내기

행동들이 눈에 보이도록 만들기 위해 더 많은 비즈니스 변수들을 추적하고 감시하거나 공급망 전체에 정보를 유포시킴으로써 전체 공급망에 흩어져 있는 인센티브들을 정렬할 수도 있다. 숨겨진 행동들을 드러내기에 가장 효과적인 방법은 더 많은 변수들을 측정하는 것이다.

1980년대 말, 캠벨수프는 절약된 금액이 소매상들에게 전가되리라는 희망을 갖고 매년 여러 차례에 걸쳐 도매상들에게 할인 판매를 실시했다. 그러나 도매상들이 실제로 소매상들에게 파는 수량보다 훨씬 많은 수량을 샀기 때문에 캠벨의 판매는 심하게 변동되었다.

예를 들면 그 몇 해 동안, 이 회사는 매년 치킨누들수프의 연간 판매량의 40%를 6주 동안 이어지는 판매촉진 기간 중에 판매했다. 이런 순간적인 판매 증대는 회사의 공급망에 상당한 압박을 가했다. 도매상들의 구매에 관한 데이터만 수집했지 그들의 판매에 관해서는 데이터를 수집하지 않았음을 깨달은 캠벨은 두 가지 모두를 추적할 수 있는 정보 테크놀로지 시스템들에 투자했다. 그 이후로는 도매상의 구매량이 아니라 판매량을 기준하여 할인 판매를 시행함으로써 캠벨은 대량의 선행 구매에 따른 인센티브를 제거했다. 그것이 공급망의 실적 향상에 도움을 주었다.

관리자들이 더 많은 변수들을 관찰하기 위해서 테크놀로지가 항상 필요한 것은 아니다. 어떤 회사들은, 이를 테면 도매상들이 제품들을 억지로 밀어넣고 있는지 또는 소매상들이 서비스를 제공하고 있는지를 확인하기 위해 미스터리쇼퍼(mystery shopper), 즉 고객으로 가장한 비밀요원들을 고용한다. 프랜차이즈(독점판매권)를 주는 다른 수많은 회사들과 마찬가지로 모빌(Mobil)은 소속 주유소들의 화장실 청결 상태와 종업원의 친

절함을 감시하기 위해 미스터리쇼퍼들을 이용한다.

활동을 기초로 한 원가 책정 원칙들로부터 나온 정보 시스템들은 숨겨진 행동들과 연관된 비용들을 측정하는 데 반드시 필요하다. 이 사실을 의료용 비품 대형 도매상인 오언스앤마이너(O&M, Owens & Minor)보다 더 잘 아는 회사는 없을 것이다.

병원들이 인도된 제품들의 원가의 고정된 비율을 오언스앤마이너에 지급하는 것이 관례였다. 그러나 그들은 직접 구매하는 것이 더 쌀 경우에는 비품들을 제조업자들로부터 직접 구매할 수 있었다. 예를 들면 도매상의 이윤을 없애기 위해 심장 혈관 봉합사 같은 이윤폭이 큰 비품들을 때때로 제조업자들로부터 직접 구매했다. 그리고 성인용 기저귀 같은 도매상이 취하는 이윤폭이 낮으면서도 보관과 취급, 수송에 많은 비용이 드는 제품들을 오언스앤마이너가 공급해주기를 기대했다. 이익 가산 원가 방식의 계약은 다른 영역에서도 잘못된 정렬을 야기했다. 보편적으로, 도매상들은 종종 적기공급생산 인도와 같은 서비스를 제공하기를 주저하는 반면에 병원들은 동일하게 고정된 이윤폭을 허용하며 그런 서비스를 더 많이 요구했다.

오언스앤마이너가 활동 기준 원가책정 시스템으로 전환하였을 때에 인센티브들을 정렬할 기회를 찾아냈고 자사가 병원들에게 제공하는 서비스의 수익성을 확보했다. 그때까지는 오언스앤마이너는 고객들이 긴급 인도와 같은 서비스를 언제 요구하는지 알고 있었으나 그들이 몰랐던 것은 그런 요구들이 회사의 비용과 이익에 미치는 효과였다. 다시 말해서 고객들의 행동들은 오언스앤마이너에 숨겨지지 않았으나 그런 행동의 영향은 숨겨졌다.

오언스앤마이너는 자사가 제공하는 서비스의 비용을 알아낸 이후, 고객들에게 원하는 서비스에 따른 요금을 지급하라고 요구했다. 그러나 우선, 그런 변화를 시험하기 위해 오언스앤마이너는 2년 전에 자기들의 제안을 거절했던 한 병원을 찾아갔다. 오언스앤마이너는 이익 가산 원가 방식의 계약을 제시하는 대신 요구된 서비스에 대해 매번 대금을 받을 것이라고 설명했다. 회사는 요금이 불합리하지 않음을 보여주기 위해 원가 데이터를 병원과 공유했다.

그 병원의 반응이 고무적이어서, 1996년 오언스앤마이너는 모든 고객들에게 활동 기준 가격 책정 시스템과 종전과 같은 계약 중 하나를 선택하라고 제의했다. 오언스앤마이너의 활동 기준 계약들에는 병원들에게 제공할 서비스의 목록과 각 서비스의 가격이 적혀 있었다. 예를 들면 한 병원이 적기공급생산 인도를 선택할 수 있었지만 그런 서비스에 대한 요금을 지급해야 했다. 양쪽 모두 이득을 보는 인센티브를 설계함으로써, 병원들이 자신들과 오언스앤마이너 양쪽에 다 이득이 될 방법으로 행동하게끔 회사가 유도할 수 있으리라고 오언스앤마이너는 믿었다.

이런 믿음은 틀리지 않았다. 대부분의 병원들은, 비록 추가적인 요금 부담이 따랐지만, 자신들이 원하는 모든 서비스를 제공해주는 도매상을 갖는 것에 만족했다. 2003년에, 오언스앤마이너가 활동 기준 가격 책정 계약을 통해 이룬 매출액은 13억 5000만 달러에 달했는데 그것은 총매출액 42억 달러의 거의 3분의 1에 해당되었다.

신뢰 개발하기

공급망들 안에서 인센티브 문제들이 돌발하는 것을 막기 위해 회사들은 때때로 신뢰를 바탕으로 하는 메커니즘들을 사용할 수 있다. 기업들은 자신들의 인센티브들이 잘 정렬되어 있을 때에는 서로를 신뢰할 가능성이 더 많기 때문에, 이 말이 자가당착적인 것처럼 들릴지도 모른다. 회사들이 애초부터 파트너들과의 공동 작업이 쉽지 않으리라는 사실을 깨달았을 때일지라도, 공급망이 와해되는 것을 막기 위해 중개인들을 활용할 수 있다. 미국과 유럽의 회사들이 제조활동을 아웃소싱하는 대상국을 합법적인 계약을 집행하기가 더 어려워지는 일이 종종 발생하는 개발도상국들로 옮겨감에 따라 중개인의 활용이 더욱 인기를 끌고 있다.

　서구 회사들이 아시아의 제조업자들이나 부품 공급자들과 관계를 맺을 때에 각 당사자는 서로 상대방의 이해관계에 관해 의혹을 갖는다. 수입자들은 공급자들이 제때에 제품을 인도하지 않을지, 동일한 품질의 제품을 생산할 수 없을지, 더 높은 가격을 지불할 회사들에게 우선권을 줄 것인지 확실히 알고 싶어 한다. 그들은 또한 계약자들이 정부 관리들에게 뇌물을 주거나 미성년 노동력을 사용하여 원가를 절감할까 봐 두려워한다.

　나이키 사례에서 알 수 있듯이, 그런 의심스러운 관행들은 공급자들보다는 수입자들의 평판을 나쁘게 만든다. 공급자들은 그들 나름대로 수입자들이 제품을 거부할까 봐 두려워한다. 수입자들이 제품인도일보다 6개월 내지 9개월 이전에 계약을 체결하기 때문에 공급자들은 그 수입자가 소비자 수요를 정확하게 예측할 능력을 갖고 있는지를 의심한다. 그들은 제품에 대한 수요가 예상한 것보다 낮아지지는 않을지, 그리고 수입자가 품질이 만족스럽지 못하다는 핑계를 대며 탁송한 제품의 인수를 거절하지나 않을지 걱정한다.

그런 여건에서, 중개인의 존재는 양 당사자의 인센티브들을 정렬하는 일에 도움을 줄 수 있다. 예를 들면 홍콩을 거점으로 하고 있는 공급망 중개인 리앤펑(Li & Fung)은 제조업자들과 공급자들의 이익을 결합시키는 일에 정통하다. 아시아에서 일련의 공장 네트워크를 만들었던 이 회사는 자사의 네트워크가, 예를 들어 비위생적 작업 환경을 제공하거나 최저 임금 이하의 급여를 지불하는 것을 방지하기 위하여 윤리 강령을 강력하게 시행하고 있다. 리앤펑은 서구의 수입자들이 요구하는 품질과 윤리적 기준을 충실하게 지키는지의 여부를 확실하게 알기 위해 자사의 공급자들을 감시한다.

이 회사는 CCO(최고감사책임자)를 고용하고 있는데 그는 회사의 회장에게 직접 보고한다. 리앤펑은 매년 공급자들이 공급한 물량의 거의 절반을 평가한다. 만약 한 공급자가 약속을 어겼다면 그것은 리앤펑으로부터 주어지는 상당한 분량의 사업을 잃게 됨을 뜻한다. 동시에 리앤펑은 다국적 회사들이 정직성을 잃지 않도록 만든다.

만약 그들이 공급자들에게 불성실한 요구를 하거나 계약된 가격으로 제품을 인수하기를 거절하면, 리앤펑은 그들이 미래에 자사의 네트워크에 접근하는 것을 거부할 것이다. 따라서 리앤펑은 자사가 수입자들과 공급자들에게 제공하는 반복적인 사업 때문에 인센티브들을 정렬할 수 있다.

리앤펑의 평판이 공식적인 계약의 필요성을 줄이는 것과 꼭 마찬가지로, 각 회사에서 일하는 개인들 사이의 관계도 그렇게 할 수 있다. 패션 스키복 제조회사인 스포트오베르메이어(Sport Obermeyer)의 창업자인 클라우스 오베르메이어(Klaus Obermeyer)는 원자재 조달과 의류의 재단 및 재봉, 선적에서의 협력을 위해 1985년에 홍콩에 기반을 둔 공급자인 레이먼드 체(Raymond Tse)와 함께 합작회사를 설립했다. 지난 19년 동안, 클라우스

오베르메이어는 생산과 투자에 관한 의사결정 권한의 대부분을 체에게 위양했다. 그는 체와의 관계를 높이 평가하며, 함께 일했던 과거사를 근거로 해서 체가 두 회사의 이익에 기여하지 못할 의사결정을 하지 않으리라고 믿고 있다. 자신들의 관계를 유지하려는 욕구는 오베르메이어와 체가 상호 이익이 되는 방향으로만 행동하기에 충분한 인센티브가 되어 왔다.

계약은 신속하고 쉽게 이행되기 때문에 회사들은 다른 접근방법들을 시도하기 전에 계약을 바탕으로 하는 해결책을 추구하여야 한다. 하지만 그들은 테크놀로지의 발전으로 정보를 바탕으로 하는 해결책의 비용이 절감되었다는 사실을 명심해야 한다.

예를 들면 어떤 회사들은 전 공급망을 망라해 실시간으로 판매 데이터를 얻을 수 있도록 만들었는데 5년 전만 해도 이런 일은 상상조차 할 수 없었다. 실제로, 우리는 신뢰에 바탕을 둔 해결책에 앞서 정보에 바탕을 둔 해결책을 추구하기를 추천한다. 종종 어려운 일이긴 하지만 신뢰할 수 있는 중개인을 찾아낼 수 있을 때에만 회사들은 신뢰에 바탕을 둔 해결책을 채택할 수 있다.

결론을 내리기 전에 우리는 두 가지 경고를 해야겠다. 첫째, 한 회사의 인센티브 정렬 불량을 해소시키는 해결책이 다른 회사에서의 문제를 더욱 악화시킬 수도 있다. 그러므로 경영자들은 공급망 안에 있는 모든 회사들의 이해관계를 동시에 조정하여야 한다. 둘째, 회사들은 자사의 공급망들에 있는 주요 의사결정권자들의 인센티브들을 정렬하여야 한다. 한 회사가 다른 조직들에서 일하는 경영자들의 인센티브들을 바꾸는 일은 어렵지만 인센티브들이 잘못 정렬될 수 있는 가능성을 파트너들에게 지적해줄 수는 있다.

다음 사례를 생각해보라. 보스턴에서 설립된 한 신생 기업이 자사 제품을 팔기 위한 키오스크를 소매상들의 상점 안에 설치했다. 회사는 소매상들에게 인센티브를 제공했으나 그 인센티브들이 상점 관리자에게 확실하게 전달되도록 만들지는 못했다. 상점 관리자들은 키오스크를 설치할 위치를 결정할 수 있음에도 불구하고 그것들을 눈에 잘 띄는 곳에 설치하고자 하는 동기를 부여받지 못했기 때문에 키오스크들이 극소수의 사람들만이 볼 수 있는 구석들에 설치되어 있는 것을 그 신생 기업이 뒤늦게 발견했다. 그 문제를 소매상들에게 경고함으로써 그 신생 기업은 너무 늦기 전에 그 문제를 해결할 수 있었다.

최고의 실적을 거두고 있는 네트워크들이 테크놀로지 또는 사업 여건의 변화로 말미암아 인센티브의 정렬이 변경되는 것을 경험하기 때문에 회사들은 자사의 공급망들을 정기적으로 살펴보아야 한다. 기업들은 정렬 불량에 관한 토의를 촉진하기 위해 세 단계에 걸친 행동을 취할 수 있다.

첫째, 새로운 테크놀로지를 채택할 때 또는 새로운 시장에 들어갈 때마다 경영자들은 인센티브 감사를 실시하여야 한다. 그런 감사는 관건을 쥐고 있는 개인들과 이권단체들에게 제공되는 인센티브들이 회사가 자사의 파트너들에게서 기대하고 있는 행동들과 모순되지 않는지를 검증한다.

둘째, 회사들은 자사의 공급망 파트너들에 관해 관리자들을 교육해야 한다. 그럴 경우에만 제조업자들이, 예를 들어 도매상들을 더 잘 이해하게 될 것이고 또는 거꾸로 소매상들은 제조업자들이 직면한 압박감을 알아차리게 될 것이다.

셋째, 경영자들은 종종 인센티브들이 자신들의 의사결정에 어떤 영향을 미치는지를 토의하는 일을 불편스러워하기 때문에 관리자들로 하여금 다른 산업들의 사례 연구들을 검토하도록 시킴으로써 그런 상황을 객관화시키는 것이 유용하다. 대화가 시작되도록 만드는 것이 중요하다. 대부분의 공급망들 안에서는 인센티브 문제들이 존재함을 회사들이 인정하도록 만드는 것만으로도 전투를 절반 이상 치른 셈이다.

:: 단계적 접근방법

회사들은 다음과 같은 이유들 때문에 자사의 공급망들에서 인센티브 문제들에 직면한다.
- 파트너 기업들의 숨겨진 행동들
- 공급망 안에 있는 몇몇 회사들만 갖고 있는 데이터나 지식 같은 숨겨진 정보
- 나쁘게 설계된 인센티브들

회사들은 다음 방법들을 사용해 인센티브 문제들을 해결할 수 있다.
- 그런 문제들이 존재한다는 사실을 인정
- 숨겨진 행동들, 숨겨진 정보 또는 나쁘게 설계된 인센티브들 가운데 어떤 요인에 기인하는지 진단
- 파트너들로 하여금 공급망의 이익을 극대화할 수 있는 방향으로 일하도록 유인할 인센티브들을 만들거나 재설계

회사들은 다음 방법들을 활용해 인센티브들을 재설계할 수 있다.
- 공급망의 최선의 이해관계를 위해 취한 행동에 대해 파트너를 포상하도록 계약 변경
- 이전에는 숨겨졌던 정보 수집 또는 공유
- 공급망 파트너들과의 신뢰를 개발하기 위한 중개인 또는 개인적 관계 활용

회사들은 다음 방법들을 통해 인센티브 문제들을 예방할 수 있다.
- 새로운 테크놀로지를 채택할 때, 새로운 시장에 들어갈 때 또는 공급망 개선 프로그램을 개시할 때 인센티브 감사 실시
- 공급망 안에 있는 다른 회사들의 과정들과 인센티브들에 관해 관리자들을 교육
- 다른 회사들 또는 다른 산업들의 문제들을 경영자들로 하여금 검토하게 만들어 토의를 덜 개인적이 되도록 만듦

:: 인센티브 정렬의 경제성

회사가 자사의 공급망 안에 있는 기업들의 인센티브들을 정렬하면 모든 당사자들이 보다 많은 이익을 창출할 수 있다. 이것은 근거 없는 주장이 아니다. 우린 두 회사로 이루어진 한 공급망의 사례를 통해 그것을 쉽게 논증할 수 있다.

한 신문사가 1부당 45센트의 원가를 들여 신문을 인쇄하여 신문판매상에게 1부당 80센트에 넘기고 판매상은 그 신문을 1달러에 판다고 가정해보자. 또 그 신문에 대한 수요는 일정해서 매일 100부에서 200부 사이를 오르내린다고 가정하자.

판매상은 팔리지 않은 신문들은 버려야 하기 때문에 얼마쯤의 재고를 가지고 있어야 할지를 결정하기 전에 두 가지 비용을 비교해야 한다. 그는 팔리지 않은 신문은 1부당 80센트의 손실을 보지만 만약 수요가 공급을 초과한다면 그의 기회비용은 1부당 20센트이다. 한계 부족재고 비용과 한계 초과재고 비용이 일치할 때에 판매상의 재고 수준이 최적 상태에 있게 되는데, 이 경우에는 그가 120부를 주문할 때이다. 초과재고 비용(80센트)이 부족재고 비용(20센트)보다 4배나 더 많기 때문에 판매상은 하루 평균 수요인 150부보다 적은 부수의 재고를 유지할 것이다. 그것은 빈번한 재고 품절을 야기할 수 있다.

만약 발행자가 그 신문을 직접 판매한다면 55센트(소매가격에서 인쇄비를 차감한)의 부족재고 비용과 45센트(인쇄 단가)의 초과재고 비용을 부담하게 될 것이다. 우리의 계산에 의하면, 그가 120부가 아니라 155부를 재고로 갖고 있을 때에 발행자의 이익이 극대화될 것이다(우리가 지금 인용하는 수치들을 계산한 내용을 자세하게 알아보려면, 2004년 판 『하버드 비즈니스 스쿨』에 실린 V. G. 나라야난의 기술 노트인 「The Economics of Incentive Alignment」를 참조하기 바람).

실제로 가판대 위에 더 많은 부수의 신문들이 놓여 있으면 발행자와 소비자들은 더 행복하겠지만 판매상은 그렇지 않을 것이다. 판매상은 재고를 확보해두는 것이 자신에게 돌아오는 최선의 이익과 직결되기 때문에 모두가 판매상이 확보해 두기를 원하는 것보다 적은 부수의 신문을 재고로 확보해둔다. 그러므로 판매상이 자신에게 최고의 이익이 되는 재고 수준을 선택할 때에 그것이 발행자의 이익을 증대시키는 일이 될 수 있도록 만들기 위해서는 발행자가 신문 판매상의 인센티브들을 바꿀 필요가 있다.

발행자는 수익 배분 계약을 활용하고 판매상이 지급하는 가격을 1부당 80센트에서 45센트로 인하함으로써 그 일을 할 수 있다. 그 대가로 판매상은, 이를 테면 판매가격의 65%를 차지하고 35%를 발행자에게 돌려줄 수 있다. 판매상의 부족재고 비용은 그대로 20%에 머물지만 각 부수에 대해 더 적은 가격을 지급하기 때문에 초과재고 비용은 떨어질 것이다. 판매상은 이제 120부가 아니라 131부를 재고로 유지하고 싶은 생각이 들고, 판매상과 발행자 양쪽의 이익이 증대될 것이다(표 8-1 참조).

표 8-1 판매상과 발행자의 수익 배분

비용 및 이익	종래의 계약	수익 배분 계약	가격 인하 금액 계약
소매가격	$1.00	$1.00	$1.00
인쇄 원가	$0.45	$0.45	$0.45
도매 가격	$0.80	$0.45	$0.80
판매상의 수익 지분	100%	65%	100%
미판매 부수의 대한 판매상의 보상액	–	–	$0.60
판매상의 부족재고 비용	$0.20	$0.20	$0.20
판매상의 초과재고 비용	$0.80	$0.45	$0.20
재고 수준	120부	131부	150부
판매상의 1일 이익	$22.00	$23.08	$25.00
발행자의 1일 이익	$42.00	$44.17	$45.00
공급망의 1일 이익	$64.00	$67.25	$70.00

발행자는 팔리지 않은 신문에 대해 1부당 가령 60센트에 달하는 가격 인하 금액을 소매상에게 지급할 수 있다. 그렇게 되면 소매상의 초과재고 비용이 낮아지기 때문에 소매상은 더 많은 재고를 유지하려는 마음을 갖게 된다. 발행자는 더 많은 판매를 통해 거둔 이익을 만들어 내기 위해 소요된 비용 이상의 것을 얻을 수 있다. 이 경우 소매상은 150부를 재고로 유지할 것이다.

위 표가 보여주듯이, 발행자와 판매상은 둘 다 종래의 시스템에 의해서보다는 여기에서 고려되었던 수익 배분 계약과 가격 인하 금액 계약에 의해서 더 많은 이익을 벌 수 있다. 이익금의 증대는 똑같은 소매가격을 지불하는 소비자의 부담을 통해서 얻어지지 않는다. 재고 수준 역시 올라갈 텐데 그것은 오히려 소비자 만족도를 더 크게 만드는 결과를 가져올 것이다.

| 출처 |

1장 Douglas M. Lambert and A. Michael Knemeyer, "We're in This Together", *Harvard Business Review*, December 2004.

2장 Jeffrey K. Liker and Thomas Y. Choi, "Building Deep Suppplier Relationships", *Harvard Business Review*, December 2004.

3장 Kasra Ferdows, Michael A. Lewis and Jose A. D. Machuca, "Rapid-Fire Fulfillment", *Harvard Business Review*, November 2004.

4장 Scott Beth, David N. Burt, William Copacino, Chris Gopal, Hau L. Lee, Robert Porter Lynch and Sandra Morris, "Supply Chain Challenges: Building Relationships", *Harvard Business Review*, July 2003.

5장 Hau L. Le, "The Triple-A Supply Chain", *Harvard Business Review*, October 2004.

6장 Steven J. Spear and H. Kent Bowen, "Decoding the DNA of the Toyota Production System", *Harvard Business Review*, September-October 1999.

7장 Steven J. Spear, "Learning to Lead at Toyota", *Harvard Business Review*, May 2004.

8장 V. G. Narayanan and Ananth Raman, "Aligning Incentives in Supply Chains", *Harvard Business Review*, November 2004.

| 주석 |

7장
1) 작업적 가용도는 기계운전 시간/기계사용 시간이다. 예를 들면 한 기계가 표면 연마에 8분의 공정시간을 요하는데 고장과 다른 장애로 인하여 가동 개시로부터 종료까지 실제로 10분이 소요되었다면 작업적 가용도는 80%이다. 이상적인 작업적 가용도는 100%이다. 즉 필요할 때마다 기계를 항상 가동할 수 있는 상태이다.
2) 점증하는 접근 방법은 그것을 달리스를 가르치기 위해 활용한 다카하시에게도 도움이 되었다. 그는 자신이 달리스의 지식과 기술을 지속적으로 재평가할 수 있게끔 신속한 피드백이 가능한 단기적 학습 주기를 만들어 달리스의 작업을 직접 관찰했다. 그 둘은 그의 학습을 돕고 다음의 학습 증가를 설계하기 위한 피드백을 제공했다.
3) 다카하시에 의하면, 회사는 몇 개의 작업실 또는 셀을 감독하는 관리자들이 자신들의 근무 시간의 70%를 공정 개선 작업에 바칠 것을 기대하고 있다. 이 시간은 종종 3~4개의 팀에 나누어 사용되는데, 이것은 팀 리더들, 즉 하나의 작업실 또는 셀을 관리하는 사람들은 자신들에게 주어진 시간의 최소 20%를 개선 작업에 쓸 것으로 회사가 기대하고 있음을 뜻한다.

옮긴이 **박길부**

서울대학교 상과대학을 거쳐 동 경영대학원에서 경영학 석사 학위를 받았다. 주식회사 유공(현 SK에너지주식회사) 상무이사를 역임하였고, 예하출판주식회사 대표이사 및 대한출판문화협회 부회장을 역임하였다. 『동서문학』 제정 신인 번역문학상을 수상하였다. 역서로는 『장미정원』 『물 위의 하룻밤』 등의 소설과 『마케팅 불변의 법칙』 『브랜딩 불변의 법칙』 『국가의 종말』 등 20여 권의 경영·경제 서적이 있다

KI신서 2240
하버드비즈니스클래식
공급망 관리

1판 1쇄 인쇄 2010년 1월 6일
1판 1쇄 발행 2010년 1월 15일

지은이 더글러스 램버트 외 **옮긴이** 박길부 **펴낸이** 김영곤 **펴낸곳** (주)북이십일 21세기북스
출판콘텐츠사업본부장 정성진 **경제경영팀장** 김성수
기획 엄영희 **디자인** 씨디자인, 네오북
마케팅·영업 최창규, 김보미, 김용환, 이경희, 김현섭, 허정민, 노진희
출판등록 2000년 5월 6일 제10-1965호
주소 (우413-756) 경기도 파주시 교하읍 문발리 파주출판단지 518-3
대표전화 031-955-2100 **팩스** 031-955-2151 **이메일** book21@book21.co.kr
홈페이지 www.book21.co.kr **커뮤니티** cafe.naver.com/21cbook

값은 뒤표지에 있습니다.
ISBN 978-89-509-2190-3 13320

이 책의 내용의 일부 또는 전부를 재사용하려면 반드시 (주)북이십일의 동의를 얻어야 합니다.
잘못 만들어진 책은 구입하신 서점에서 교환해 드립니다.